原创主题式综合实践活动

科普故事、科学知识、科学探究三位一体

宋庆龄阅读馆

科学主题探究

驾车去远行

探究主题：汽车

总主编　谷力

主　编：万代红

副主编：曲　晶

编　撰：倪晨瑾　柳世清　黄　庆　陆　垚
武　捷　毛海岩　齐　琳　周建强
李　瑾　李赛英　杨　聪　张　坤
景　嫣　骆　平　陶　克

中国和平出版社

图书在版编目（CIP）数据
驾车去旅行：汽车 / 万代红主编. -- 北京：中国和平出版社，2015.9
（科学主题探究 / 谷力总主编）
ISBN 978-7-5137-1070-1

Ⅰ. ①驾… Ⅱ. ①万… Ⅲ. ①汽车－青少年读物
Ⅳ. ①U46-49

中国版本图书馆CIP数据核字(2015)第229374号

科学主题探究 驾车去旅行
（探究主题：汽车）
谷力 总主编 万代红 主编

出版人：肖 斌
责任编辑：肖晓强 衡友增 吕旭东
封面设计：肖晓强
内文制作：率一创意
图片提供：北京图为媒网络科技有限公司
责任印务：石亚茹

出版发行：中国和平出版社
社 址：北京市海淀区花园路甲13号7号楼10层（100088）
发 行 部：（010）82093753
网 址：www.hpbook.com
投稿邮箱：hpbook@hpbook.com
经 销：新华书店
印 刷：北京瑞禾彩色印刷有限公司

开 本：710 毫米× 1000 毫米 1 /16
印 张：9.75
字 数：200千字
版 次：2015年9月北京第1版 2015年9月北京第1次印刷

ISBN 978-7-5137-1070-1 定价：30.00元

专家顾问

丛书编委会

PREFACE 序言

谷　力

20 世纪 90 年代以来，世界各国都推出了旨在适应新世纪挑战的课程改革举措，呈现出的共同趋势是倡导课程向儿童经验和生活回归，追求课程的综合化。新世纪来临，中国的中小学课程改革也积极推进综合实践课程。十多年来，国内的综合实践活动课程虽然取得了不少成绩，但是存在的问题也不少，其中之一就是综合实践活动教学缺少有效的综合课程。《基础教育课程改革纲要》中将综合实践活动课程内容设计为研究性学习、社区服务与社会实践、信息技术教育、劳动与技术教育等四个方面。由于缺少具体和可操作的课程引领，学校的综合实践课程教学并没有将这四个部分有机地整合，而是机械地将这四个部分安排在四个不同教学时段中分别教学。这种课程设计与教学过程，使得学生获得的知识和经验仍然是局部的，难以从中形成整体、综合的、有深度的、持续探究的经验和认识。因此，提高综合实践活动课程的综合性和有效性，研发相应的综合课程，的确是一个迫切需要探索和解决的问题。

小学生的认知规律告诉我们，儿童习惯于整体把握现象，而不容易感知和把握部分。分学科的教学或者分科的综合教学都割裂了知识之间的联系，使得小学生难以整体地把握这些分散的知识，因而也就难以感受到学习的意义和快乐。综合、整体的课程与教学适合于儿童的认知规律。近代著名儿童心理学家皮亚杰在其著作中，表达了对综合科学教学的支持。由于大多数学生在初等教育阶段处于发展具体操作的时期，在这一阶段的科学教育必须基于可识别的实物和事件上，而不是抽象思维，对实物和事件变化的研究不应该只局限于一个学科。

基于这一理论，从2009年春天以来，在IBO国际文凭学校的综合课程教学和南京市中小学学习力训练营实验的启示下，我提出了概念主题式综合实践活动课程的理念，并研制了《概念主题式综合实践课程框架》。经过与全市相关学校的合作研究，形成了一批以概念为核心的综合实践课程教材。目前，课题组通过研究实践，《汽车》和《手》的教师用书、学生用书于2012年首次正式出版。2014年内，《汉字》《游戏》《口才》《财商》等概念课程的教师用书、学生用书也相继出版。该项目于2014年获得江苏省基础教育教学成果一等奖。

在该课程研发中，我们选择了多所学校参与，每一所学校都从本校学生熟悉的生活领域中选定了一个核心的探究概念。所有的课程均围绕这个核心概念，从概论、环境、科学、艺术、经济、社会、管理、使用、人与道德等九大子课程领域，延伸九条探索思维之路。这些概念的体验和探究课程为孩子们打开了多扇看风景的窗户，让孩子对世界、历史、精神的认识更丰富、更广阔、更深入。

每一项课程的确定，我们都根据项目学校学生所处生活环境、社会阅历、知识、经验基础而定。每一项课程的研发，都是各项目学校长期教育探索和教育实践的结果。比如，游府西街小学70%的学生家庭都拥有汽车，孩子对汽车非常熟悉，所以该校选择了《汽车》课程；凤游寺小学校园内有一个六足园，这是师生共同养育和研究蝴蝶的乐园，所以在长期的综合教育实践中，教师们研发了《蝴蝶》课程。

在我们探索研究之初，中国和平出版社就对本项目予以关注和重视，并计划与我们合作出版一批以科学主题探究为核心的、主题事件方式呈现的探索科学奥秘、提升学习力的青少年科普读物。2013 年，在中国和平出版社肖晓强副社长和衡友增老师的指导和帮助下，我们进行了课程的二度研发创新。我们继承了原有以概念探究为核心的课程理念，改造和转化了原有概念探究的模式，形成了以主题事件方式展开的探究性学习的系列科普读物。该读物引导学生始终关注一个概念，从多个角度进行深度思考、探究学习。该课程不仅仅是学生科普的读本，也是学生探究概念奥秘、训练和提升思维能力的重要途径和载体。

该读物在编写设计上也做了很大创新。我们将原有板块式的编写模式，改变为以探究主题为核心的故事主线，将抽象的概念学习转化为具体的事件学习过程，通过经历鲜明主题的相关事件过程，使学生获得感性与理性经验，将学生带入了一个接近真实的生活情境之中，在这些事件情境中去探索、学习、思考，生成事件记忆。事件赋予学生学习活动的意义，事件的情节构成了学生认知的系列情境。然后，每一个学生个体在事件过程中都须独立地经历感知、观察、想象、操作、思考、总结等思维过程，学生最终将所获得的具体感性经验上升为抽象的认识。

同时，该读物还增加了知识维度和操作维度，既满足了孩子追求故事情节的乐趣，又增加了读物的知识含金量和思维含金量，使可读性和益智性相得益彰。我相信，通过对《科学主题探究》丛书的阅读，孩子将进一步拓展视野、发展兴趣、激发梦想、提高科学思维能力，将为中学综合素质提升奠定良好的基础。

我为该丛书点赞！

“科学主题探究”微信公众号

出版者的话

这是一套原创的，集故事、知识、科学探究为一体的综合性科普图书；

这是一次将文学创作的感性和科学探索的理性相结合的独特探索；

这是一次教师和编辑、教学教研机构与出版机构密切合作，进行教育科普图书创作的有益尝试。

近两年来，在南京市小学教师培训中心谷力主任的组织和指导下，中国和平出版社的编辑和南京七所学校的老师紧密合作，共同策划编写方案，共同构思故事情节，共同确定知识概念，共同讨论探究活动，克服了重重困难。终于，《科学主题探究》丛书出版了。

该丛书共七册，每一册围绕一个科学主题，遵照一定的知识逻辑，通过故事主线，将科学主题的若干相关子概念串联起来，同时提供与生活体验密切相关的探究任务，让读者形成对主题的立体认识，同时实现丛书的核心使命——培养青少年的科学素养、科学思维。

这套书可用于青少年自主阅读探究，学校也可以作为综合实践活动课程的指导用书。该丛书的微信公众号将作为读者、编者、出版者之间的交流平台，并提供相关资讯。

我们希望通过这一尝试，积累经验，不断优化创作模式，同时聚集更多的优秀教育工作者和科普作家，一起开发更多、质量更好的科学主题探究科普图书。

期待您的加入！

欢迎您的加入！

2015 年 8 月

目录 CONTENT

1 躲不开的汽车 001

2 考取驾照 009

3 家有喜事 017

4 车有车道 025

5 交通安全的“守护神” 033

6 讨厌的天气 041

7 油去哪儿了? 049

8 咳，雾霾来了 057

9 和乱停车说不! 065

- 10 马路“杀手” 073
- 11 修理修理你 081
- 12 汽车生产线 089
- 13 强劲动力 097
- 14 回到从前 105
- 15 1：10的产业 113
- 16 激情飞扬 121
- 17 第一次尝试 129
- 18 未来之旅 137

1　躲不开的汽车

毛毛是个小汽车迷，有空就爱在路旁观察来往的汽车，看它们都是什么样子的，都是什么牌子的，都有什么特征。他尤其喜欢变形金刚汽车人。爸爸妈妈给他买了很多关于汽车的书籍、模型玩具，有时还会带他去看车展。他幻想有朝一日能自己造一辆汽车，开着它上路，奔向远方。

毛毛的爸爸是汽车工程师，睿智、果敢，虽然每天都要开车到很远的郊区上班，但他热爱自己的工作，喜欢和毛毛一起探讨、交流汽车知识，痴迷汽车组装，梦想自己能制造一辆 F1 赛车。

毛毛的妈妈是小学教师，善良、温柔、对家庭充满责任。她和毛毛在同一所学校，他们每天一起去学校，一起回家。她非常支持毛毛和爸爸的爱好。

毛毛爸爸有一辆黑色的四轮驱动越野车，前面有粗大的银色保险杠，后面挂着一个备胎，车顶两条行李架，外形棱角分明，简洁大气。毛毛觉得酷毙了。

爸爸可以开车上班，但毛毛和妈妈每天只能乘坐公交车去学校……

“妈妈快点儿跑！要赶不上公交车了！”毛毛焦急地催促着。妈妈拎着小包，一边一路小跑地追着儿子，一边气喘吁吁地喊着：“慢点儿，不怕，反正5分钟一趟，来得及。”等妈妈赶到站台时，毛毛已经站在302路站牌底下翘首以盼啦。

今天毛毛似乎有些焦急，没等一会儿，就跳下站台，伸长脖子使劲儿往汽车来的方向张望。这样反复几次还不能安静等待，妈妈赶紧喊住毛毛：“安静等一会儿，这样跑来跑去很危险！在等公交车时，大家都要在站台的指定区域内。像你这样时不时跳到马路上，很容易被来往的汽车碰到，非常危险！”毛毛一吐舌头，乖巧地走到妈妈身边。

越野车

越野车一般四轮驱动，马力较大，底盘较高，排气管较高，轮胎抓地性能好，还有粗大结实的保险杠。这些保证了越野车能适应野外各种路面状况，还可以给人一种粗犷豪迈的感觉。越野车本领优越，吃苦耐劳，最早用于军事。在城市里，也有很多人喜欢开越野车。近年流行的运动型多用途车（SUV）被称为城市越野车。

↑军用重型越野车

↑民用中型越野车

↑全地形四轮越野车（ATV）

↑城市越野车（SUV）

活　动

你还认识什么样的越野车？选一辆熟悉的汽车介绍给你的好朋友。你可以像毛毛介绍爸爸的越野车这样介绍，也可以从内部配置、动力、油耗、结构、色彩、用途等方面介绍。

到学校时，已经打铃了。妈妈不禁感叹：“通道式公交车虽然能坐很多人，但速度有些慢，赶时间的话还是小公共汽车快一些。”“以后会快起来的！”毛毛像下定了什么决心似的，坚定地说。

晚上放学回家后，妈妈接到乡下爷爷的电话。“小梅呀，最近忙啥呢？毛毛怎么样？听话吗？我想毛毛了，打算下个月来看他。”听说爷爷要来，毛毛可兴奋了，赶紧整理自己的小房间，因为呀，爷爷每次来都是和他住的。

“妈妈，妈妈，我们一起把爷爷的被子、枕头，还有拖鞋找出来，最好再准备好修理工具，爷爷最爱修东西了……”毛毛忙碌的小身影一会儿出现在小卧室，一会儿出现在厨房，弄得妈妈晕头转向，都没法好好做饭了。毛毛妈只好放下手中的事，无奈地说：“毛毛，

←双层巴士

无轨电车→

低地台巴士↓

铰链式公交车↓

公交车

公交车是市内和市郊客运的常用车辆，一般座椅较少，通道及站立面积较大，配有拉手，有两个或以上车门。这样的设计是为了多载客，适应城市交通客运量大的需要。

公交车一般可分为铰链式、低地台式和双层式，按动力源又可分为燃油和电力驱动等。左下图是一辆长达18米的铰接式（也称通道式）公交车，它体型庞大。转弯时，两节车厢扭来扭去像条大蜈蚣，需要行车空间大，不够灵活，速度较慢。

活　动

你还见过其他式样的公交车吗？拍照片收集一下，比较一下格局和功能的差异。

独自乘坐一次公交车，绘制一幅行车路线图。

别着急，妈妈和爸爸会准备。你现在长大了，小床已经睡不下爷爷和你两个人了，我们要买一张大床。等床来了，咱们再一起布置好不好？”知道爷爷和自己将有新床用，毛毛更开心了，真希望明天新床就能到。

周末，爸爸开车带妈妈到家具城买了一张看起来比较宽的大床，说是三天内运到毛毛家。过了两天，在全家吃晚饭的时候，爸爸的电话响了，原来是床送到了。毛毛跟在爸爸后面快速跑下楼，想赶快一睹大床风采。只见一辆装载着很多家具的大卡车停在楼梯口，几个工人正卖力地从车上往下抬家具。这辆车可真能装，不仅装了毛毛家的大床，还有一个大衣柜、两个梳妆台、一个电视柜、一组沙发。毛毛发现卡车的车轮比爸爸的越野车还要大很多，驾驶室也高出一大截，发动起来“突突、突突”有很大的声音，不由地就想到“大力士”。

在工人们的帮助下，大床来到了毛毛的房间。很快，毛毛和爷爷的大床搭好了，就等着爷爷的到来了……

货运汽车

货运汽车简称货车或卡车，有普通货车和专用货车两大类。普通货车有栏板式车厢，专用货车具有独特的结构，如箱式车、冷藏车、罐装车、自卸车等。按车的总质量可以分为超重型、重型、中型、轻型、微型。

↑超重型货车

↑重型货车

↑中型货车

↑轻型货车

↑微型货车

↑罐装车

活　动

你知道货车按总质量的分级标准吗？对照上图看一看，可以怎样简易辨别？

爷爷是坐长途汽车来的，据说路上要用 3 个多小时呢。毛毛很担心，一会儿问妈妈:“车上有水喝吗？爷爷口渴了怎么办？”一会儿又问爸爸:“车上有厕所吗？万一爷爷想小便没有厕所多着急呀！”看到毛毛这么关心爷爷，爸爸妈妈都很高兴。“真是个懂事的孩子！”妈妈慈爱地拍拍毛毛的肩膀说，“长途车一般都会备有纯净水，厕所就不一定有了。为了解决大家上厕所问题，长途车中途都会到休息区停车休息 10 分钟，让大家解决上厕所

↑双层长途大巴

↑车中的卧铺

↑车上的座位

↑长途巴士（下面可放大件行李）

长途大巴

又称长途汽车。大巴，就是巴士，源于英语中 bus 的音译。长途汽车一般作为城际客运工具，相比公交车要高，车身下部有巨大的空间，专门用来装载行李。车厢内座位很多，每个座位的靠背均可调整一定角度，更为舒适。座位上方有简易行李架。车窗采用特制玻璃，从里向外看视野广阔。车内有空调，每个座位旁有可调节角度和亮度的小灯，有的车尾部或中部设有厕所。还有双层的卧铺巴士。

活 动

灰狗长途巴士，又名灰狗巴士，是美国最著名的长途商业运营巴士。请你了解一下灰狗巴士的相关信息，说说它的历史和特点。

问题。”“哦，这样我就不担心了。”毛毛长长舒了一口气。

接爷爷的工作安排给了爸爸和毛毛，妈妈就在家里准备饭菜。

从毛毛家到长途汽车站大概有11公里的距离，开车过去仅用了不到15分钟，真快！由于爷爷上了年纪，毛毛他们可以进站去接，这让毛毛很兴奋，一方面可以早一点儿看到爷爷，另一方面还可以看到很多汽车。

在汽车停靠区域，毛毛看到很多车，有点像公交车，但更高一些，也更封闭。

没多会儿，爷爷从车上下来了，毛毛以最快的速度冲过去，一把扶住爷爷，生怕爷爷跌倒。爸爸也很快跟了过来，大喊着：“爸，您路上辛苦了！”爷爷指着长途车的行李箱说：“那个黑色的大袋子是我的，里面有给毛毛带的板栗，还有给你们灌的香肠。”嘿，还真重！爸爸拽了好几下才弄出来。毛毛扶着爷爷，爸爸提着黑包，几个人高高兴兴地开车回家了……

周末，爸爸、妈妈和毛毛一起陪爷爷到公园玩。这个公园是毛毛所在城市的“肺”，占地有四百多公顷，里面绿树环绕、小溪潺潺，真是美不胜收。

毛毛像个小导游，不停地挥着小手指点风光，讲述着美丽的传说和小笑话，逗得爷爷开心不已。一家人一路说笑一路欣赏美景，很快就来到公园的休闲广场。

广场上有很多家庭支起了帐篷，有的人还架起了烧烤架，羊肉串、烤鸡腿的香味儿不时飘到毛毛的鼻子里，好想吃啊！“唉！咱们要是也有烧烤架就可以和爷爷一起野餐了！爸爸汽车的后备厢可能装了，放一个烧烤架肯定没问题！”看到孙子渴望的眼神，爷爷拍着胸脯保证到：“毛毛想要，爷爷给买，下次咱们一起来烧烤！”“太好了！太好了！下次能吃烧烤啦！”毛毛开心地跳了起来。

公园实在太大了，刚开始的时候，爷爷还不觉得累，可是时间一长腿

就吃不消了。这时，正好来了一辆公园电动汽车，爸爸赶紧拦下来，一家人坐着电动汽车，吹着微风在公园里兜风，惬意极了！

在环湖路附近，毛毛看到湖面上一群天鹅在翩翩起舞，赶忙拉着爷爷和爸妈下了车。毛毛跑到湖边，将自己的面包撕成小块，洒向湖面。看着天鹅争食的场景，爷爷像小孩子似的抢着和毛毛一起喂食。也许是太兴奋了，爷爷的脸红红的，眼睛放着光，仿佛年轻了十岁。爸爸、妈妈看这一老一小玩得开心，就在湖边的长椅上坐了下来，轻轻地聊着天。

突然，湖边传来毛毛的呼叫声："爸爸、妈妈，快来！爷爷晕倒了！"爸爸一听着急了，立即跑过去，单腿跪在爷爷身旁，轻轻托起爷爷的头，

↑电动力观光车

↓电动力球场车

←太阳能动力球场车

电动力观光车

电动游览观光车是属于区域用电动车的一种，专为旅游景区、公园、大型游乐园、封闭社区、校园、度假村、别墅区、港口等区域开发的用于自驾游、区域巡逻、代步专用的环保型电动乘用车辆。电动游览观光车采用蓄电池供电驱动方式，本身不排放污染大气的有害气体，只需给蓄电池充电即可使用。

活　动

你还知道哪些电动汽车？找找它们的图片，标出名称，分类整理一下。

妈妈赶紧拨打120求助。不到十分钟，救护车就来了。这时爷爷已经醒过来了，急着要回家，可毛毛爸妈坚决不同意。在医护人员的帮助下，爷爷被抬到救护车里。救护车里有很多医疗设备，医生给爷爷测量了血压和心率，认为爷爷是由于血压低造成的眩晕，需要休息，并建议尽早到医院做个全面体检。

考虑到爷爷的身体情况，一家人决定赶紧回家。一路上，毛毛的爸爸妈妈商量着哪天请个假，要尽快带爷爷去做体检。

特种车辆

特种车辆指的是执行特别任务的车辆，一般配有独特的标志和灯具，如警车、救护车、消防车、运钞车、道路清扫车等。

警车是公安司法机关公务车辆。救护车是医疗机构用于救助病人的车辆，载有医疗设备和医护人员，以急救为主。消防车俗称救火车，是专门用作救火或其他紧急抢救用途的车辆。运钞车是金融部门用于押运钞票的专用车辆，配有武装人员。道路清扫车是环卫部门用于清扫路面、垃圾回收和运输的车辆，相比人力清扫更高效。

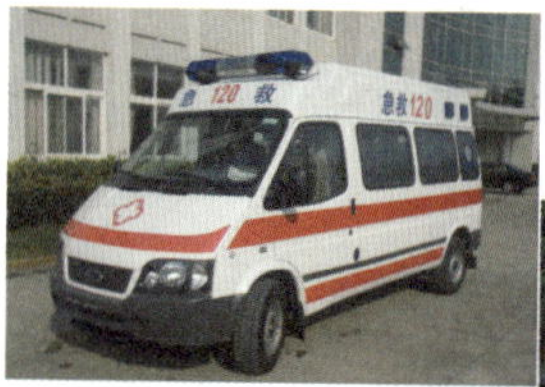

↑救护车

↓警车

↑消防灭火车

↓道路清扫车

活 动

观察生活中出现的五类专用车辆，查找相关材料，根据特征填写下表。

名称	特征标识	主要颜色	特征灯具	声音特点	行车特权
警车					
救护车					
消防车					
运钞车					
道路清扫车					

2 考取驾照

毛毛家最近搬新房啦！新房有大大的客厅，明亮的落地窗，每个房间都很宽敞。毛毛看到自己的房间大了许多，开心极了！可是，新房离毛毛和妈妈的学校太远，要转两次车才能到，路上要花很多时间。毛毛觉得很累。看着别的同学都是爸爸妈妈开车来接，心里很是羡慕，忍不住问妈妈："妈妈，我们再买一辆车吧，咱们挤公交太辛苦了！"妈妈无奈地说："儿子，开汽车是需要驾驶证的，妈妈工作太忙，没有时间去学习，没有驾照是不能开车上路的！""这样啊，要不星期天我不出去玩了，陪你一起学考驾照去，这样你就有时间了！"毛毛兴奋地大声说。妈妈看着毛毛的高兴劲儿，又想到毛毛经常在回家的公交车上打瞌睡，决定去考驾照，以后天天开车和毛毛一起上学放学。

一个风和日丽的早晨，毛毛一下子从床上坐了起来，大声说："妈妈，快点起床，今天要去报名考驾照，不能睡懒觉！"妈妈从餐厅走过来，温柔地说："知道了，哪像你这个小懒虫，我早餐都准备好了，就等你了！"毛毛一骨碌跑到卫生间快速进行洗漱，时间可以用秒计算，比平时的节奏

快得多，嘴里还不停地唠叨着："加速，卫生间，踩油门，120迈，左转弯，进餐厅，限速60迈，到达目的地，踩刹车，停！"妈妈看见毛毛如此痴迷，疼爱地说："毛毛，我看你可以代替妈妈考驾照了，你记得比我还要熟练呢！""可不是，你每天反复背诵的要点，我都会了，等我长大了，我也一定要考驾照，现在你接送我，以后就是我接送你了！"毛毛自豪地说。

吃完早餐，毛毛和妈妈去驾校报名。在米麒麟驾校，妈妈完成了报名手续，并按规定参观驾校，了解考核项目及要求。

"考驾照复杂吗？要经过几个环节呢？"毛毛很好奇。"说起来简单，做起来却不容易，需要认真学习和辛苦训练才能完成。"教练叔叔一边走一边热情地介绍着考驾照的具体步骤。

机动车驾驶证

俗称"驾照"，依照法律机动车辆驾驶人员所需申领的证照，是一种"许可证明"。驾驶机动车需要一定的驾驶技能，缺少这种技能，随意驾驶机动车，就有可能发生交通事故。我国法律规定，18周岁以上70周岁以下均可申请小型汽车、小型自动挡汽车驾驶证。驾驶证有效期分6年、10年和长期3种，初次申领驾驶证有效期6年。实习期12个月，记分周期12个月。

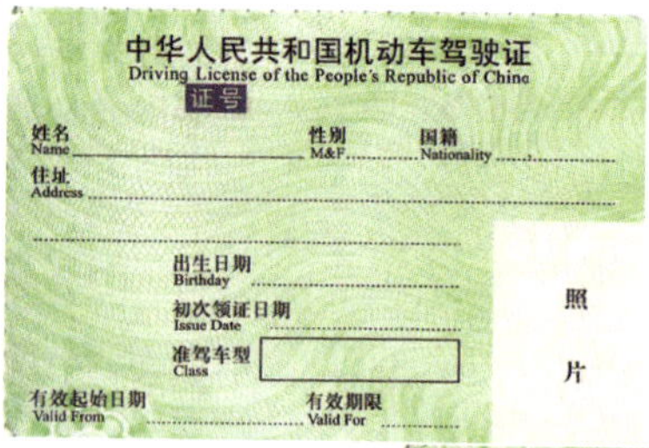

中华人民共和国机动车驾驶证
Driving License of the People's Republic of China
证号
姓名 Name　性别 M&F　国籍 Nationality
住址 Address
出生日期 Birthday
初次领证日期 Issue Date
准驾车型 Class
有效起始日期 Valid From　有效期限 Valid For
照片

↑机动车驾驶证

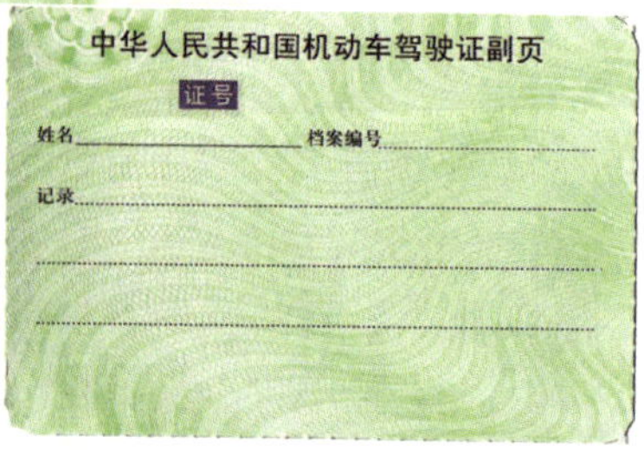

中华人民共和国机动车驾驶证副页
证号
姓名　档案编号
记录

↑机动车驾驶证副页

活　动

申请小型汽车驾照，要求哪些身体条件呢？比如对身高、视力、辨色力、听力、四肢、躯干等各有什么要求？

参观结束后，教练叔叔给妈妈留了作业，让妈妈回家认真学习教材，争取一次性通过科目一交通法规考试。毛毛拍拍胸脯，充满自信地说：“放心吧，叔叔，交给我了，我来督促妈妈学习！”周围的人都被毛毛的话逗乐了。

妈妈学习了一个星期的理论知识，又通过网络“模拟考试”做了几轮自我检测，再加上监督员毛毛每天晚上的抽测，终于自信满满地去参加科

↑考驾照的流程图

目一的考试了。

教练叔叔带着妈妈和毛毛来到机房，毛毛看见里面有很多叔叔阿姨，正一人一台电脑认真安静地答题。

毛毛转过身看看妈妈说："妈妈，加油！我在外面等你。"教练叔叔微笑着对妈妈说："这一项合格分数是90分，预祝你成功通过。"妈妈点了点头，从容地走了进去。半个小时过去了，毛毛等得有点着急，在椅子旁边走来走去，眼睛死死盯着教室门口，生怕错过。这时，妈妈走了出来，他飞奔过去，大声叫着："妈妈，妈妈！"妈妈也激动地拥抱毛毛。得知妈妈考了98分，毛毛兴奋地在妈妈脸上亲了一口："妈妈真棒！"

通过理论考核后，教练跟妈妈一起预约了科目二的训练时间。因为学校即将迎来期末考试，妈妈只能将时间定在暑假。毛毛很失落，觉得时间太久了，还得挤公交车上学，嘟着小嘴在前面走着。

教练发觉了毛毛不高兴，追上去在他耳边悄悄地说了几句话，毛毛点点头，走回来拉着妈妈的手说："一放假，我们就来，好吗？"

科目一考试

科目一考交通法规，内容包括：道路通行、交通信号、交通安全违法行为和交通事故处理、机动车驾驶证申领和使用、机动车登记等规定以及其他道路交通安全法律、法规和规章。科目一考试满分为100分，成绩达到90分为合格。

↑交通法律

↑科目一考场

活　动

2013年1月1日起实施的新《中华人民共和国道路交通安全法》被称为"史上最严"交规。请你了解一下，它到底严在哪里？

妈妈笑了笑说:“一言为定，你要继续帮助我！”

日子过得可真快，暑假终于来了。毛毛和妈妈从放假第一天起，就坚持每天赶往驾校进行科目二的训练。妈妈从最基础的驾车礼仪训练开始，经历了倒库和移库，终于撑到了内路训练环节。陪练员毛毛也有明显的变化，原来白净的皮肤如今也晒得有些发黑。多亏毛毛在一旁不断鼓劲，才让浑身酸痛、多次想放弃的妈妈坚持到现在。

马上要结束第二阶段的训练了，妈妈练得很认真，连最困难的“过障碍”和“单边桥”都完成得很出色。特别是“单边桥”训练给毛毛留下了深刻印象。只见妈妈上车后，缓缓将车体驶向左边桥，将发动机盖左边突起的那条线对准左桥，缓慢上桥，

科目二考试

科目二考试包括桩考（倒车入库、移库）和平台（单边桥、绕铁饼、直角拐弯、百公里加减挡、过起伏路面、侧方停车、定点停车、半坡起步、限速过限宽门等），不同车型考试内容略有不同。满分为 100 分，考大型客车、牵引车、城市公交车、中型客车、大型货车准驾车型的，成绩达到 90 分为合格，考其他准驾车型的成绩达到 80 分为合格。

↑倒车入库

↑坡道定点停车和起步

↑侧方停车

↑直角转弯

↑曲线行驶

活　动

绕铁饼游戏：6 人纵队搭肩站好，构成“小汽车”，前两人代表保险杠，第二排的代表驾驶者，第三排代表车尾，两脚代表车轮。6 人配合将车体成功呈“S”绕过四个铁饼（小垫子），所有的车轮（脚）不能触及铁饼。游戏中，不能一味追求速度，带来安全隐患。在按照要求完成任务的同时，提升“行驶”速度，队伍只要分离、脱节就算失败。

当前轮从左桥下桥后，妈妈凝神静气，控制速度，当后轮开始下桥时，迅速将方向盘向右打半圈，驶向右边的单边桥。上右桥是单边桥比较难的环节。右前轮上桥后，毛毛激动地拍手叫好，谁知道好像右桥面有积水，前轮在桥面滑了一下，毛毛“啊！”地大叫一声，双手捂住眼睛不敢再看。听见叔叔的掌声，毛毛才睁开眼睛，原来妈妈很沉着地控制好车体，稳住油门，平稳过了右边桥。毛毛为妈妈感到骄傲，也使劲地鼓起掌来。

一个多月过去了，妈妈顺利通过了科目二考试，开始了外路驾驶环节。毛毛可高兴了，第一个抢着上了训练车，欢呼着：“妈妈会开车了，我们终于可以开车上大街了！”教练让他在后排就座，告诫他不能乱动，注意安全，自己坐在副驾驶位置便于辅助和指导。

妈妈第一次驾车外出，多少还是有点紧张，刚坐稳就准备发动车子。教练急忙提醒：“别急，跟在校内训练一样，慢慢来不要紧张，先系好安全带！”妈妈这才想起安全带还没有系好。“对不起，我有点紧张，谢谢！”妈妈惭愧地说。

车子启动了，大街上人多车多，妈妈一路上都很小心，缓慢行驶。毛毛觉得不够刺激，直嚷嚷：“妈妈，开快一点，超过前面那辆红色轿车！快点快点！绿灯还有10秒钟，冲过去！”教练严肃制止了他，掷地有声地批评：“毛毛，开车不能有比赛的心理，不能超速求快，宁等1分不抢1秒，人命关天、安全第一，你不要影响妈妈的判断！”毛毛从来没见过教练叔叔如此大声说话，意识到自己的错误，坐在后排不敢吭声。妈妈看见红灯，在与前车距离大约2米处踩离合，踩刹车，拉手刹，挂一挡，动作很娴熟。教练点点头，补充说：“在遇红灯停车这个环节，也可以挂空挡后拉手刹，这样双脚就可以放松休息一下。”

在教练的陪同指导下，妈妈先后完成了升换挡、变道超车、左右转弯、绕过障碍、靠边停车等驾驶技能的实地体验，顺利驾车回到训练基地。毛毛很安静地坚持到最后，但是从面部表情还是看出有一丝不愉快。车停稳后，教练先下车，主动将后排的毛毛抱了下来，亲切地说："毛毛还在生气呢？如果叔叔不发火，你就不会这么安静地坐着，很可能影响妈妈开车时的正确判断，带来安全隐患。以后，妈妈开车你一定要像今天这样安静地支持她，知

科目三考试

科目三考试道路驾驶技能，主要包括上车准备、起步、直线行驶、加减挡位操作、变更车道、靠边停车、直行通过路口、路口左转弯、路口右转弯、通过人行横道线、通过学校区域、通过公共汽车站、会车、超车、掉头、夜间行驶等。

另外，新交规还加考安全文明驾驶常识，内容包括：安全文明驾驶操作要求、恶劣气象和复杂道路条件下的安全驾驶知识、爆胎等紧急情况下的临危处置方法以及发生交通事故后的处置知识等。

科目三考试两项满分分别为 100 分，大型车等车型成绩分别达到 90 分的为合格，其他车型成绩分别达到 80 分为合格。

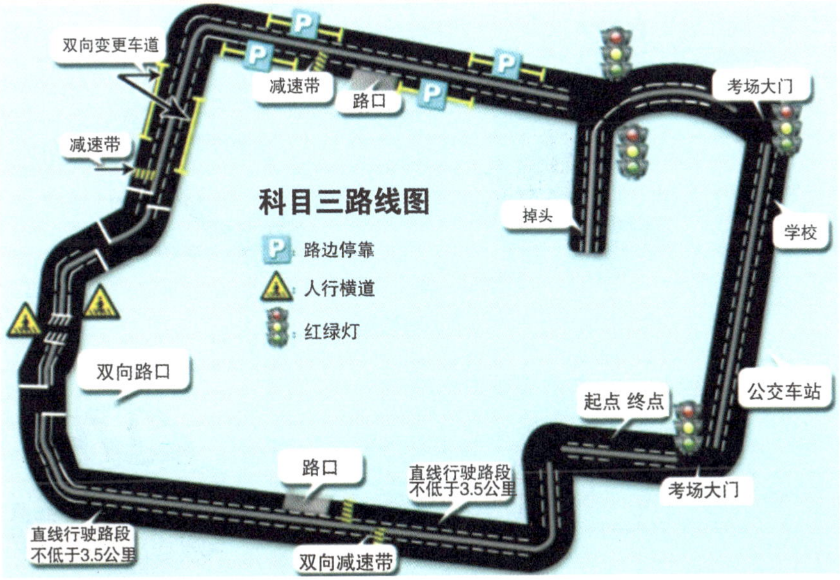

↑某科目三考试场示意图

道吗？”

妈妈也补充道：“叔叔说得对！毛毛，开车不是件好玩的事。还记得上次在北京路右转弯处，由于驾驶员分心，而发生的碾压行人惨案吗？失去妈妈的小宝宝在电视上大哭的镜头我至今难忘！”“记得！小宝宝哭得很伤心，他再也没有妈妈了！”毛毛想起来了，低下头难过地说。“是呀，所以我们一定要牢记安全驾驶规则，让汽车更好地为我们服务，你说呢！”妈妈继续说。毛毛终于打开了心结，深深地点头，不好意思地望着教练叔叔：“叔叔，我错了！”叔叔疼爱地摸摸他的小脑袋说：“没有关系，知错能改就是男子汉！妈妈再训练几次就可以参加最后科目三的考试，合格后不久就可以拿到驾照。到时候天天开车接送你上下学！”毛毛听到这里，雨过天晴，高兴地抱住叔叔，欢快地大叫：“太好了，太好了，谢谢叔叔！妈妈，我们快要拿到驾照了！”

活 动

1. 你知道酒后驾车和醉酒驾车的区别吗？交通法规分别有什么处罚条款？交通警察用什么方法检查司机是否酒驾？

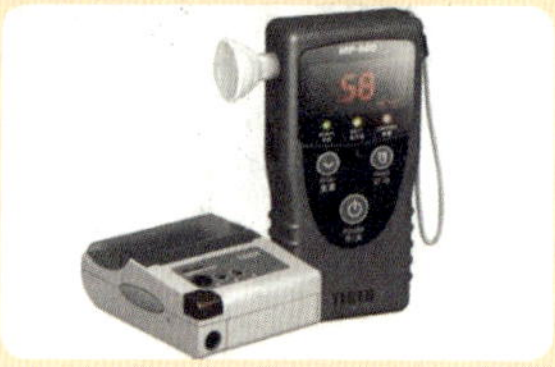

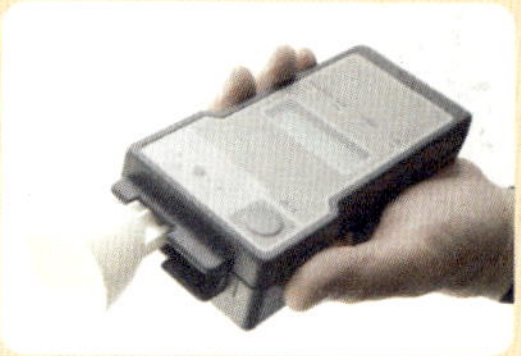

↑酒精检测仪

2. 近两年受热捧的老年代步车有利于老年人出行，但有的销售商宣传称“老年代步车不用挂牌照、不用考驾照”，这是真的吗？

3. 请您围绕驾驶证的意义、用途，结合未来人们生活节奏、携带方便等因素，展开想象，设计一个未来驾驶证。

↑老年代步车

3　家有喜事

“妈妈拿到驾照啦！”刚一回到家，毛毛就激动地向爸爸宣布了这个振奋人心的好消息！从这一刻起，妈妈就成为一名真正的驾驶员了，也有资格拥有一辆属于自己的汽车了！多么美妙啊！毛毛拿着妈妈的驾照蹦啊跳啊，根本停不下来，就好像自己拿了驾照似的。看到毛毛这个样子，爸爸忍着笑，故作严肃地说：“嗯，我们要考虑给妈妈买一辆合适的汽车了。”

当天晚上，吃过晚饭后，一家人开始了一场主题为“买车”的会议。妈妈先开口：“家里已经有一辆汽车了，我买车也就是上下班开一开，不需要太好，买辆价格便宜些的就可以了。”毛毛可不这样想，赶忙发表意见：“买炫酷一点儿的，就像电视里那种车身像鱼一样光滑的汽车。车尾最好翘起来有个飞翼，就像大林家的一样，那多帅！”爸爸听了儿子的描述，大笑起来：“毛毛有自己的想法了嘛，很不错。从工程师的角度，我还是希望买新能源车，大家都知道，现在环境污染越来越严重，咱们要尽量给自己的生存空间减少负担不是？哪怕多花一点儿钱，节能减排可是能造福子孙后代的呀，你们说呢？”“是呀，是呀，我们要保护环境，老师也教导我们

爱护环境人人有责嘛。”毛毛附和道。妈妈也很赞同爸爸的话：“我们买的时候可一定要好好看看，选一辆新能源车，既能节约资源，也可以保护环境，还能给我们的出行带来方便，真是一举多得呢。”就这样，全家一致同意购买新能源车，“买车”会议顺利结束。

周六，天气很好，空气非常清新。一大早，毛毛一家就来到全城最有名的汽车一条街。这条街上有很多4S店，聚集了各种品牌的汽车。

下了车，一家人一边走一边看。满眼都是各种各样的汽车，毛毛兴奋不已。只见他拉着妈妈东跑西跑，一会儿指着这辆车喊起来：“这辆车坐起来一定很舒服！看，车顶多高呀”一会又指着那辆车惊叹道：“这辆太酷了！”一会儿又盯着另外一辆：“太帅了，我喜欢！”

妈妈似乎也被感染了，早就忘记了家庭

↑某4S店展厅

4S 店

4S店是一种以“四位一体”为核心的汽车特许经营模式，包括整车销售（Sale）、零配件（Sparepart）、售后服务（Service）、信息反馈（Survey）等，因此简称“4S”店。一家4S店只经营一个品牌，拥有统一的外观形象、统一的标识、统一的管理标准。

4S店有装备精良、整洁干净的维修区，现代化的设备和服务管理，高度职业化的气氛，良好的服务设施，充足的零配件供应，迅速及时地跟踪服务体系，具有信誉度高、专业性强、售后服务到位等优势。

活　动

在我国销售的汽车品牌非常多，你知道哪些呢？搜集一下，并按一定的标准分分类。

会议的决定。妈妈一辆一辆地试坐下来，觉得还是要买辆漂亮、舒适的汽车。爸爸在一旁冷静地说：“选车不能只关注汽车的外形和颜色，还要考虑汽车的配置。”毛毛摸摸后脑勺询问到：“什么叫汽车的配置啊？”爸爸笑着说：“这个一定要弄明白才能成为真正的汽车迷哦。”毛毛缠着爸爸央求道：“告诉我嘛，告诉我嘛！我要变成真正的汽车迷嘛。”

爸爸清了清嗓子，一一讲述配置包括哪些方面。毛毛歪着他的小脑袋，听得可认真了。爸爸看了看毛毛，继续说：“可别小看它呦，配置的高低决定着汽车的好坏，

←手动挡变速器

自动挡变速器→

如何选购汽车

选购汽车需要考虑很多因素。

首先根据用途决定汽车性能。只是代步则可选择小巧、排量小的，价格也便宜；经常跑长途可选择性能高一点、排量大一点的，速度、安全、稳定性方面更有保障；经常外出旅游、路况复杂则可选择越野车。

在这个前提下，再考虑性价比及其他个人因素：总价，使用、维修、保养的花费，排量，变速器类型，动力，操控感，载物空间，品牌，外观，售后服务，安全性，舒适性，等等。

总之，购车基本原则是适用、安全、环保、经济、高效。

活　动

购车考虑因素有下面几方面，但是不同的用户考虑的次序有所不同。你会按什么次序考虑呢？

价格□	配置□	排量□	油耗□	安全□
颜色□	环保□	品牌□	售后□	空间□

汽车的配置越高，汽车就越好，安全性能就越高，乘驾越舒适，当然车价就会越贵。”毛毛推了推帽子，一脸崇拜地点点头，决定都听爸爸的。

这时，迎面走来一位导购阿姨，很礼貌地问道：“请问有什么需要帮忙的吗？”妈妈诚恳地说：“我们想买一辆汽车，主要是日常上下班代步用，你能给我们推荐一下吗？”导购阿姨笑着说：“我明白了，请你们跟我来吧。”

导购阿姨带着毛毛一家来到小型轿车区域的一辆汽车前，一边打开车门，一边介绍：“这辆车是 1.4 升排量的，适合城市行驶，百公里油耗不到 7 升。最符合你们的需求，节能又环保呢！”

妈妈很感兴趣，刚想上车试试，毛毛忽然想起了昨天晚上家庭会议的决定，提醒道：“妈妈，咱们昨晚不是说好了买新能源环保车吗？”妈妈轻轻地拍了一下脑袋，说道：“是呀，我们想要的是既能节约资源又能保护环

油电混合动力汽车

油电混合动力汽车是指有电动发动机作为燃油发动机的辅助动力的汽车。辅助发动机的电动发动机可以在正常行驶中产生强大而平稳的动力，使汽车起步强劲、加速快，还能降低油耗，更环保，更经济。

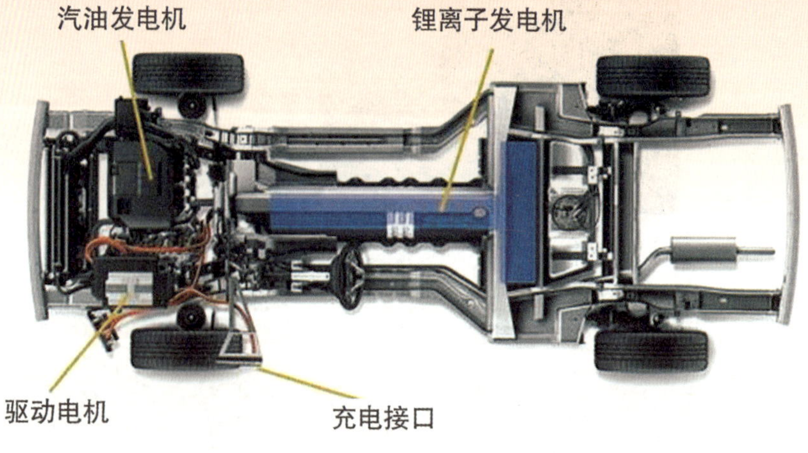

↑油电混合动力汽车工作原理图

境的车，那才是最重要的。”

导购阿姨听了他们的话，对妈妈说：“那我们到前面的新能源汽车区域看看？”

跟随导购阿姨的脚步，毛毛一家来到了一辆漂亮的纯电动汽车面前。没等导购阿姨开口介绍，爸爸就急着说：“有混合动力车吗？纯电动汽车我担心充电不方便，现在充电桩太少了。”于是导购阿姨又带着大家来到另一辆车前：“这是 1.4 升排量的城市专用小型油电混合动力车，非常节能！”

爸爸让妈妈坐进去体验一下，毛毛也跟着坐了进去，里面的空间不算小，毛毛坐在后面转身很方便。妈妈打开空调、音响等常用配置，觉得很顺手。看到两个人对这辆车都挺满意，导购阿姨向爸爸报出了汽车的价钱，根据配置的不同，价格在 12 万到 15 万。

买什么颜色的呢？毛毛喜欢亮丽的色彩，希望买一辆红色的，妈妈想要银白色的，爸爸说：“如果从安全的角度，我建议听妈妈的，买银白色的，银白色最安全。”“为什么呢？”毛毛头脑里的小问号又跳了出来。

爸爸解释完汽车颜色的知识后，毛毛连忙拉着妈妈的衣襟说：“妈妈，咱们就买辆银白色的吧，听专家的没错。”“小调皮！”爸爸亲昵地刮了一下毛毛的鼻子。一家人达成一致，决定买一辆银白色油电混合动力小汽车。

导购阿姨带着毛毛一家又看了几辆符合要求的小汽车。最后，选中了一款三人都喜欢的。妈妈问导购阿姨：“我们可以试驾一下吗？”导购阿姨微笑着说：“当然可以呀，请跟我来。”妈妈试驾后非常满意，觉得这辆小

活　动

对比油电混合动力车和汽油动力车的优缺点，分析：为什么各国争先发展油电混合动力车？

汽车又小巧，操作起来又灵活，颜色也很干净，还节能环保，正是自己想要的类型。妈妈对爸爸说：“就买这辆吧，我觉得很好。”“行，喜欢就好。”爸爸干脆地说。毛毛在一旁高兴地直拍手：“有汽车咯，太好了！妈妈，咱们再也不担心迟到啦！”爸爸很快办好了购买手续，又买了机动车辆保险，开心地对妈妈说：“一切都办好了，明天就可以提车，以后你就可以自己开

汽车颜色与安全

交通事故的发生与汽车颜色有着密切的联系，黑、金、绿、蓝等颜色的汽车发生交通事故的概率远高于明亮的嫩黄、米色、奶色和白色汽车。这是为什么呢？

首先，颜色有进退性。例如，有红色、黄色、蓝色、黑色共4部同样的轿车与你距离相同，红色车和黄色车会感觉离自己近一些，是前进色；而蓝色和黑色的轿车感觉远一些，是后退色。

其次，颜色有胀缩性。例如，相同车身涂上不同的颜色，黄色看起来感觉大一些，是膨胀色；而黑色、蓝色感觉小一些，是收缩色。

各种颜色的汽车

另外，颜色在人们视觉中的亮度是不同的，红、黄为亮色，亮色车的视觉效果较好。

据调查，银白色车出车祸的概率最小，是最佳选择，但原因目前还不得知，可能与银白色对光线的反射率较高，易于识别有关。

活　动

周末和父母一起到路边数一数，银白色的汽车占你所数汽车的比例是多少？把你的结果记录下来。

车带毛毛上学了。”

第二天早上，毛毛一家三口再次来到买车的4S店，很快提到了车。妈妈说：“今天就让我开车载你们回去吧。”爸爸笑着说：“好哇！看看我们新司机的本领！”毛毛也迫不及待地爬上了车，一家人高高兴兴地回家了……

第二个周末，一家三口来到车管所给自己家的新成员“上户口”。在工作人员的引导下，前前后后加起来大约花了3个小时的时间，所有手续就都办好了。

毛毛感叹地说：“这么多的手续，办牌照真是不容易啊！”妈妈轻轻地拍了拍毛毛的头，笑着说：“时间长说明办牌照是很慎重的事情，牌照是汽车合法身份的认可，可不能马虎呢。”

毛毛绕着小汽车走了一圈，咦？除了前后各有一块蓝底白字的牌子外，他发现前挡风

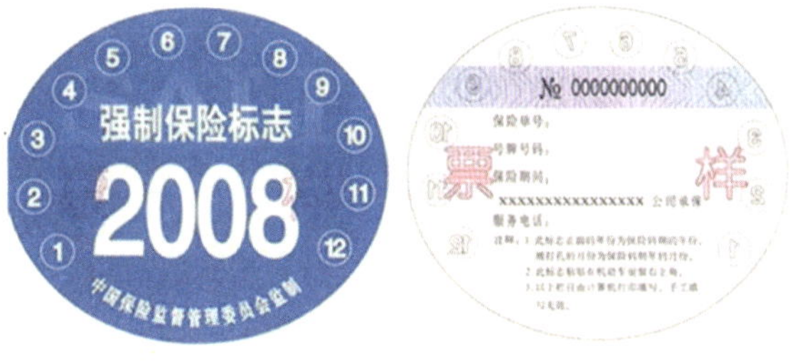

↑交强险标志票样（左为正面，右为背面）

机动车辆保险

机动车辆保险简称“车险”，汽车造成损失时可以获得一定赔偿。车险可分为交强险和商业险。

交强险，即交通事故责任强制保险，国家强制购买，全国统一收费标准。办理购车手续后，要先办理交强险，才能办理申领牌照等后续手续。

商业险分车辆主险和附加险，主险包括车辆损失险、第三者责任险、车上人员责任险、全车盗抢险；附加险包括玻璃单独破碎险、新增设备损失险、发动机进水险等。商业保险由车主根据自身实际情况选择购买。

活　动

请搜索关于汽车商业保险的资料，了解不同险种的特点。如果你家购买汽车，你认为应该先买哪些保险？

玻璃上贴着两个标志，一个蓝色的，一个黄色的，怎么回事呢？毛毛忍不住问爸爸。

爸爸指着车上的标志说：“蓝底白字的两块是车牌，蓝色的是年检标志，有了这个标志就说明汽车通过了国家每年的检查，黄色的是环保标志，有了这个标志才能证明咱家的汽车符合环保要求，车辆才可以上路。”毛毛赶紧打开车门：“那我们赶快开着小汽车上路回家吧。”

申领汽车牌照

汽车牌照包括汽车号牌和行驶证。汽车号牌共两面，分别悬挂在车辆前后，号牌上的文字显示车辆登记号码、登记地区或其他基本资料。号牌的字体大小、颜色、尺寸都有严格规定，以区别不同用途、不同机构的车辆。

行驶证分主页、副页，主页登记了车辆号牌号码、车型、车主、发动机号码、注册日期等信息；副页登记了号牌号码、档案编号、核载人数、总质量、外廓尺寸、检验记录等信息。车辆出行需随车携带行驶证。

新车申领牌照时，交管所将对车辆进行初检，检测合格发放检验合格标准和环保检验合格标志。之后要进行年检，小型轿车6年内每2年检测1次，超过6年每年检测1次。

↑号牌样式

↑年检合格标志

↑环保合格标志

活　动

收集不同类型车牌的图片，了解不同颜色、文字、号码的含义，编制成表格。

4 车有车道

自从妈妈学会驾车后，毛毛一心想来次自驾游。转眼就又到暑假了，经过数次讨论，一家三口一致决定，自驾去汽车城体验神奇的汽车世界。

出发的前一天，毛毛兴奋得难以入眠，很晚才迷迷糊糊地睡着。第二天一大早，毛毛正做着美梦呢，爸爸就跑了进来，一把将毛毛从床上揪起来，说："小懒虫，快起床！咱们要出发啦！这次爸爸会给你很多惊喜哦！"说完就急忙跑了出去。毛毛一听，立刻清醒过来，麻利地穿上了衣服。客厅里，妈妈正在收拾出游要用的物品。毛毛问："爸爸呢？"妈妈回答："在楼下检查汽车呢。"

毛毛一蹦一跳下了楼，看爸爸在前前后后地仔细查看，嘟着嘴说："爸爸，这辆车你天天开着，有什么问题早就发现了。别检查了，赶紧回家吃饭，好尽早出发。"爸爸扭头一笑："那可不行。这次我们是出远门，不好好检查一下，万一路上出了什么问题就麻烦了。"

毛毛一听有道理，赶忙问："那都要检查什么呢？""爸爸一边检查，一边细致地向毛毛介绍着，很快毛毛就弄明白了，原来检查也有这么多

学问。”

出发了，是妈妈开车呢！父子俩坐在后排，全神贯注地看着前面的路。到了一个路口，毛毛看见旁边一条车道上的车少，赶紧说：“妈妈，赶快并到那条车少的车道上去。”爸爸笑呵呵地说：“毛毛，那是左转车道，我们要直行，过去了就走错路了。”爸爸的话一下引起了毛毛的兴趣，问道：“你怎么知道那是左转车道呢？”“有交通标志啊，你看路口上面牌子和地上

检查爱车

车辆虽然定期到4S店保养，但为了安全，司机应经常自行检查，尤其是长途出行之前。检查的内容主要有：

外观：检查外观有无损坏，各指示灯是否正常，轮胎及备胎气压是否正常，轮胎表面、侧面有无破损，轮胎胎面花纹中有无钉子或杂物，雨刮片是否正常。

油液：检查机油、汽油、刹车油、冷却液、玻璃水等油液的量是否足够并及时补充。

↑手持式轮胎测压计

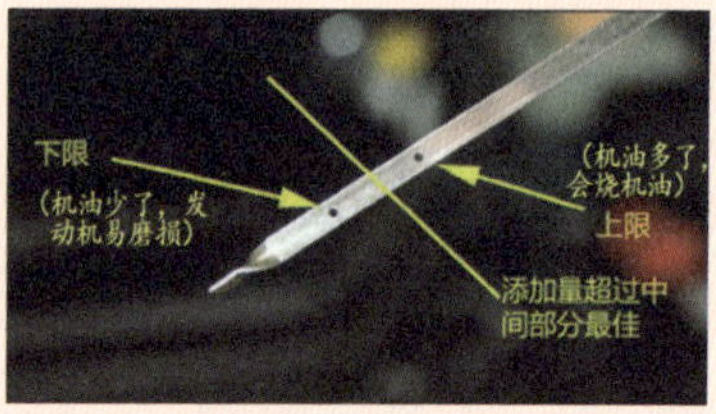

↑机油尺

随车工具：如灭火器、三脚架、千斤顶、扳手等是否齐全，必要时还可配备医疗包、拖车绳、手电筒、车载充电器等。

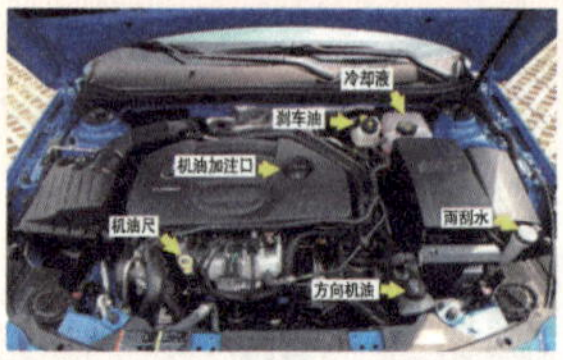

↑发动机舱油液位置示意图

↑随车工具箱

↑应急工具

↑简易千斤顶

活　动

你知道以上检查项目若出现问题，可能在行车途中带来什么麻烦或危险吗？

的箭头！”爸爸用手一指。毛毛顺着手指的方向看过去，果然看到了很多箭头标志。

爸爸说：“作为驾驶员，一定要熟悉交通标志还有交通标线，这些是安全行车的保证。”毛毛一听来劲了，吵着要爸爸给他讲讲。

“好的、好的，别着急，咱们声音小点儿，不要影响妈妈开车。你坐过来一点，咱们边看边说。”爸爸手指着路边的各种交通标志和交通标线给毛

道路交通标志和标线

道路交通标志和标线是用文字、图案或符号传递引导、限制、警告或指示信息的道路设施，管制或引导交通，促进交通安全。

交通标志分警告、禁令、指示、指路、旅游区、道路施工安全六大类主标志，必要时附设辅助说明的辅助标志。这些标志一般悬挂在道路上空或路边。

交通标线按功能可分为指示、禁止、警告三类，画在地面上、路边沿或凸起的柱子、栏杆上。

禁令标志　警告标志　指路标志　指示标志

辅助标志　道路施工标志　旅游区标志

↑交通标志

↑（警告标线）　↑（禁止标线）　↑（指示标线）

↑交通标线

活　动

你认识下面这些标志或标线吗？说说它们的含义，并分一分类。

请将七类标志和三类标线，分别找到3个，用相机拍下来，跟同学或朋友交流一下。

毛讲解着，还从包里拿出随身携带的笔和便笺纸，一边画一边归纳总结。

毛毛认真地听着，一会儿点点头，一会儿又皱着眉思索着。半晌，他抬起头说：“爸爸，我现在明白了什么是交通标志和交通标线，可是你有没有发现，这些交通标志有不同的颜色和形状。为什么它们不能是一样的颜色和形状呢？那样多好记呀！”毛毛兴奋地说着自己的发现。

“毛毛观察得真仔细，刚刚咱们只看到了一小部分交通标志，你想不想了解更多关于交通标志的知识呢？”

“当然！爸爸，快说、快说，别卖关子啦！”

“好、好、好。这样吧，咱们上网先整

安全车距

驾驶员遇到突发情况并紧急刹车至汽车完全停止，汽车需要行驶一段距离，此时如果前车和后车相距太近，容易造成追尾事故。因此，安全车距可以理解为两车之间不易发生追尾的最短距离。

《中华人民共和国道路交通安全法》规定：机动车在高速公路上行驶，车速超过每小时100公里时，安全车距为100米以上；车速低于每小时100公里时，最小安全车距不得少于50米。

有经验的老司机用“三秒车距”判定安全车距，方法是前车经过某一标志物开始，三秒后自己的车才到达该标志物，则车距足够安全。

↑安全车距标志

↑车距确认线

活　动

高速公路上，不同速度的汽车，安全车距大约为多少？安全车距与哪些因素有关？

体了解一遍，然后再对着一路遇见的标志和标线，检验一下掌握情况，怎么样？”“没问题！”爸爸拿出平板电脑，两个人一边看一边聊，非常投入。

“瞧你们俩聊得这么开心，毛毛收获不小吧，跟妈妈说说路上这些都是什么标志？”妈妈笑眯眯地说道。“不行、不行，妈妈你在开车，请专心点。以后有空再告诉你。”毛毛赶紧说，生怕妈妈分心出错。“好吧，听你的。”过了一会，突然一个急刹车，正聊得热火朝天的毛毛和爸爸不由自主地撞向前面的座位。“啊！小心！小心！”毛毛吓得大叫。

原来，妈妈的车一直跟在一辆大巴车后面，视线被挡住了。到这个岔路口时，大巴车忽然右转，妈妈才发现直行是红灯，一着急，赶紧踩了刹车。“幸好咱们的车开得不快，不然就闯祸了，好险！”妈妈拍着胸脯还在后怕。

“嗯，市区路况复杂，车也比较多，开车时车速不能太快，安全第一。刚刚你紧跟着大型车辆后面开，挡住了视线，所以才看不清的，这时一定要保持安全车距。”爸爸赶紧说道。“是呀！妈妈，下次要注意哦，刚刚实在是太危险了。哦！对了，爸爸，你刚刚说的安全车距是什么意思？两辆车之间距离多远才算是安全车距呢？”毛毛脑子里的小问号层出不穷，这不，新的问题又来了。

爸爸拿着笔在便笺纸上一边画图一边给毛毛讲解安全车距的知识，毛毛听得很认真，不时用手在爸爸画的图上指指点点。“毛毛，你现在明白什么是安全车距了吧？”“嗯。”“来来来，爸爸出了道题，你来算一算，好吗？”“嗯，没问题。”没一会儿毛毛准确地完成了爸爸出的题，开心得直拍手。坐在前排开车的妈妈也向他竖起了大拇指，毛毛更得意了。

车继续在市区穿行，经过一个车流量较大的十字路口，东来西往的车子匆匆地来，又匆匆地走，留下飞驰过后掀起的微风。一个右转弯后，汽车开到了有学校的路段。妈妈问道：“毛毛，说说看，学校附近有哪些交通标志和交通标线？”毛毛赶紧左右张望。“啊，有小心儿童、斑马线、限速30……很多呀！”“这些都是为了保护儿童安全设定的。”爸爸补充道。“毛毛，其实除了在校门口设置各种交通标志和交通标线来保护儿童的安全之外，每个孩子也要了解一些交通安全的常识，这样自己也能保护好自己。你都知道哪些交通安全的常识，说给爸爸听听吧。”

毛毛掰着手指说着自己知道的交通安全常识，真是头头是道。加上爸爸妈妈帮他补充的一些细节后，他俨然一副交通安全知识小达人的姿态，信心十足地说：“等开学后，我要给班里的其他同学宣传交通安全常识，让我们班每一个同学都学会自己保护自己。”“这个想

交通安全常识

红灯停，绿灯行。黄灯亮时，只有超过停止线的车辆和已经进入人行横道的行人可以继续通行。

行人必须在人行道内行走，没有人行道的，须靠边行走。

尽量走过街天桥和地下通道，不要横穿。横过车行道，须走人行横道。没有人行横道时，应先看左边，再看右边，确认没有车辆后直线通过，不要猛跑。无论什么情况下，不要突然横穿马路。不要翻越道路中央的安全护栏和隔离墩。

↑闯红灯

↑交警对违章停车取证

↑超载

↑翻越护栏

不安全的交通行为

活　动

你还知道哪些交通安全常识？尝试把它们编成歌谣，在班级里宣传一下。

法不错。”爸爸赞许地说道。

汽车来到一个十字路口，毛毛叫道：“妈妈，前面是一个十字路口，红绿灯显示还有六秒，小心！不要闯红灯。”“谢谢提醒，不着急抢这几秒钟，咱们等等！”妈妈一边微笑一边减缓车速，车稳稳地停在了白色停止线后。毛毛眼睛盯着红灯变绿，若有所思地说：“爸爸，我发现每个路口的红绿灯时间好像不太一样，这是为什么啊？”“毛毛，你真细心。其实，红绿灯的时间设置可是一门大学问。”

刚讲完红绿灯的设置，爸爸指着前面提醒毛毛：“前面就是收费站，我们马上就要上高速了。”

一过收费站，本来排列紧密的车流，骤然拉开了距离，显得稀稀拉拉。毛毛心想，高速公路车速快，安全距离要大得多，所以车与车之间就自动拉开了距离吧。他看向窗外，周围的景色很美，一片片庄稼，远处的小山满眼的葱翠。斜坡上盛开着不知名的野

↑倒数秒红绿灯

↑老式红绿灯

↑按钮红绿灯

红绿灯的时间设置

红绿灯是城市交通的指挥棒，其时间设置的合理性，直接影响到交通秩序和交通安全。

城市道路红绿灯的时间设置很复杂，大多由交通指挥中心统一管理，每个地区、城市都不同，一般是依据红绿灯的地理位置、车流量、时段、车流方式等综合考虑，编制程序后由电脑自动控制。特殊情况下，交警人员也可进行手动控制。为了更加人性化，还有一种由行人控制的红绿灯。

活　动

请调查学校或家附近路口的红绿灯的时间设置，根据不同时段的车流、行人情况，判断是否合理，并提出改进建议。

花，有白的，紫的，粉的，黄的，它们点缀在层层墨绿的灌木丛中，像是给小山穿上了连衣裙。

突然，毛毛瞥见驾驶仪表盘上的速度，都 130 千米 / 小时了，赶紧提醒:“妈妈,超速了！”妈妈嘴里答应着,可一会儿又超速了,毛毛急得大叫:“妈妈，高速公路限速 120 千米 / 小时！”

“哦，第一次上高速，有点不习惯，马上改正！”妈妈赶紧控制车速。“这还差不多。”毛毛放心地听音乐了。这时，毛毛看到服务区的标志，提议说:“爸爸妈妈，前面有个服务区，咱们休息一下吧！”

“好的，出城走了这么久，是该歇一歇。”一家人赶紧下车，为下一段长途旅行做好准备。

高速公路安全驾驶

高速公路属高等级公路，两向分隔行驶、完全控制出入口、采用立体交叉，专供机动车高速行驶。我国高速公路最高限速 120 千米 / 小时，部分路段还更低。

由于车速快，高速公路尤其要遵守高速行车规则，如按车道行驶，不要频繁变道；保持安全行车距离，不要超速；系好安全带，幼儿乘车需配置安全座椅，儿童乘车需坐后座并限制车锁；避免紧急刹车；不得疲劳驾驶等。

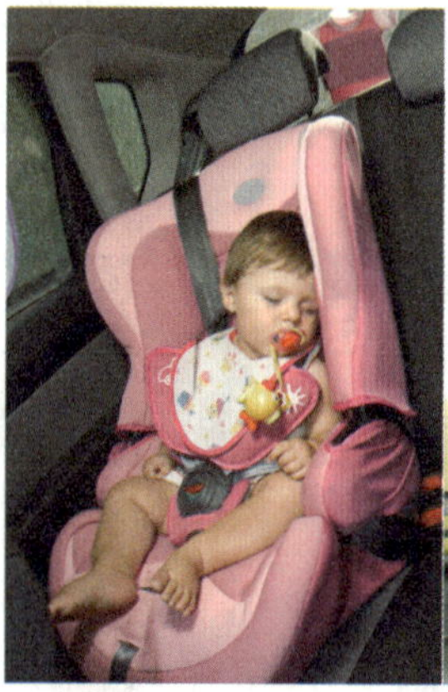

↑儿童安全座椅

↑不要超速驾驶（雷达测速）

活　动

请了解一下高速公路还有哪些行车规则，高速公路上的哪些标线和标志与行车规则相匹配？

5 交通安全的“守护神”

时间过得飞快，转眼都下午五点多了。虽然爸爸和妈妈轮换过两次，但妈妈还是非常累，她从来没有开过这么长时间的车。爸爸建议，到前面一个出口的城市休息一晚。

很快，汽车下了高速，向城区开去。这是个小县城，道路两旁的楼房也比较矮，但一个个小型商铺里的物品却很丰富，从房间里一直摆到街口，显得很热闹。就在毛毛津津有味地欣赏着街景时，汽车突然停了下来。

“怎么啦？怎么停车了？”毛毛回过头问妈妈。

“前面的交通信号灯出了故障，你看！”

毛毛顺着妈妈手指的方向看去，果然，十字路口的红绿灯全都不亮了，汽车排起了长龙，只能缓慢地走走停停。前面车辆的窗口不时探出个脑袋，有的一脸焦急，皱着眉头，有的四下张望，好像在欣赏路边的街景。

毛毛突然想起了什么，紧张地看着爸爸：“红绿灯坏了，那汽车不是要‘打架’了吗？太危险啦！”

爸爸笑着摸了摸毛毛的头：“没关系，有交通警察啊，他们是道路安全

的‘守护神’！”

“道路安全的‘守护神’？真威风！在哪儿呀？”

“你瞧，就在前面，交警叔叔正忙着指挥交通呢！”爸爸指了指前方。

毛毛把小脑袋探出车窗，远远地看见有个穿着制服的叔叔站在路口。只见叔叔挥舞着手臂，一会儿让汽车通行，一会儿又叫车辆停下等待，路上的小汽车都听话地排起队伍。有了他的指挥，路口很快变得井井有条啦。真了不起！

不一会儿，妈妈就开着汽车来到了路口。交警叔叔向妈妈打了一个手势，妈妈会意地把车停了下来。接着叔叔又向左边的车挥了挥手，毛毛发现旁边的车一辆接一辆地转了个弯，向

交通警察

交通警察简称“交警”，是警察的一个警种，主要职责是维护交通秩序，处理交通事故，查纠交通违法行为，负责机动车的登记管理等。根据《交通警察道路执勤执法工作规范》要求，交通警察在道路上执勤执法应当按照规定穿着制式服装，佩戴人民警察标志。

↑着制式服装的交警

↑帽徽图案

↑警务通

↑酒精检测仪

↑对讲机

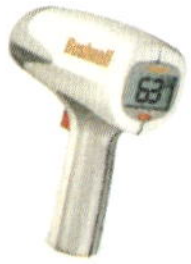

↑手持测速仪

↑臂章图案

活　动

装备一般指随时携带的必需物品。交通警察出勤时带，除对讲机和警哨别在肩部外，还有一些装备放置腰带上或车辆上，你知道是哪些吗？

□手铐　□水壶　□发光指挥棒　□强光手电　□酒精检测仪

□测速仪　□催泪瓦斯　□警棍　□警察证　□手机

□摄像头　□警用文书包　□急救包　□灭火器

左边的路口驶去了。

“交警叔叔真是酷！挥挥手大大小小的汽车就都听话了，队伍多整齐呀！”毛毛在车里情不自禁地跟着交警叔叔手舞足蹈起来。他一边挥舞着手臂一边问爸爸：“这个是什么意思？”

爸爸耐心地一一解答：“这个代表直行，这个是停车，现在是让车辆转弯……”真有趣，毛毛越学越起劲儿，咯咯地笑着，嘴巴里还念念有词，恨不得要站起来也加入到指挥交通的行列。妈妈连忙喊：“毛毛快坐好，当心撞了头……”话音未落，毛毛已经捂着脑袋坐回了座位上。

交警指挥手势

交通警察的指挥，是交通警察在道路现场用手势发出的引导交通的指挥信号。交通警察的指挥优先其他交通信号，也就是说，在有交通警察现场指挥道路交通的情况下，道路通行人员应当按照交通警察的现场指挥通行。

↑停止信号

↑直行信号

↑左转弯信号

↑左转弯待转信号

↑变道信号

↑减速慢行信号

↑靠边停车信号

↑右转弯信号

活　动

上述8种常用交警指挥手势你能看懂吗？做个小交警，一起来学习几种简单的手势信号吧！拍照下来，看看谁做得最标准。

在交警叔叔的指挥下，汽车顺利通过了十字路口，道路又变得畅通起来。毛毛再没有心情欣赏街景，整颗心全被交通警察占据了。那白色的警帽、银光闪闪的帽徽、挺拔的身姿……都让毛毛羡慕不已。

“爸爸，交通警察是一直站在路口，还是发现信号灯坏了才来到路口指挥交通的？”

“马路上天天都有交通警察执勤，但是大部分路口并不安排交警执勤，只是出现拥堵、信号灯故障或事故时，才派交警来疏导交通、处理事故。当然，也有少数交通特别繁忙的路口，会固定安排交警执勤，确保道路通畅。”爸爸指了指车窗外：“看，这个路口红绿灯是好的，也有交警在工作。”还真是呢，毛毛开始注意这个现象。每次通过路口时，他就开始仔细搜寻，看看有没有交通警察。正如爸爸所讲，大部分路口没有交警，但有几个人流车流多的路口都有。

看着看着，毛毛突发奇想：“指挥交通其实很简单，如果用一个智能机器人代替交警叔叔，是不是交通警察也可以不要呢？”

妈妈赶紧补充道：“那可不行，指挥交通其实不简单，现在的机器人还处理不了复杂情况。再说，交通警察的工作也不只是指挥交通这一项，咱们上回去车管所给汽车上牌照时，就是交警叔叔帮我们办理手续的呀！”毛毛仔细回想，车管所的叔叔的确和马路上的交警叔叔穿着同样的制服。“哦，原来交通警察不是都在马路上工作啊。”毛毛若有所思。“交通警察分为不同的部门，每个部门有自己的职责，任务可多了呢。”爸爸给毛毛上起了课。

毛毛不禁困惑了，出勤的交警叔叔整天在路上巡逻，风雨无阻，太辛苦了。有什么办法能减轻交警叔叔的负担呢？再说，现在城市发展越来越快，这么多道路、这么多路口，交警叔叔怎么忙得过来？

毛毛把自己的困惑告诉爸爸，爸爸笑了："交管部门也在想办法呢。刚才说到的科技设施管理科，就是负责用科技解决交通管理问题，让道路通行更有秩序，让事故更少发生，让交警叔叔更少出勤。交通信号灯就是应用之一啊。还有，你看前面路口上面的横杆上，那个长方体的东西，就叫电子警察。"

毛毛看到横杆上有好几个，正对着地面的车道。他兴奋极了，一个个问题马上紧跟而来："电子警察？它是智能机器人吗？它固定在横杆上不动，怎么能代替交警叔叔工作呢？"

"电子警察可不是机器人哦，它其实是

交通管理部门

交通管理部门是公安部门的下属机构，简称"交管局"。一般市级交管局的主要业务部门有：

机动巡逻队——负责全市道路的巡逻，纠正交通违章，维护交通秩序，处理突发事件，配合开展警卫工作。

车辆管理所——负责机动车安全技术检验、注册登记、核发牌证、转籍、过户、转出、转入等。负责机动车驾驶证的核发、补发，并负责机动车驾驶员各个科目的考试。

科技设施管理科——负责全市交警部门科技项目的开发、科技设施的管理、维护工作。

宣教科——面向社会，面向群众开展交通法律、法规、交通安全宣传。

↑车辆管理所

↑交警巡逻中队

↑交警巡逻执勤

↑交警巡逻执勤

活　动

交通警察还有许多部门，如：事故科、第一大队、第二大队、交通管理中队、交通设施科……这些部门的职责是什么呢？查一查，记录下来。

摄像头。不过，这个摄像头连接到交管部门的控制中心。这样，交警就可以坐在控制中心指挥交通啦。”爸爸指着一个摄像头给毛毛看。

正说着，超车道上开来一辆“怪车”。

“爸爸，快看！这辆警车顶上装了个什么东西？真奇怪！”

这辆车从前面看是一辆普通的警车，怪就怪在车顶上竟然有一个装置，像是一个柱子上装了两只圆眼睛！

“这是雷达测速仪呀。在很多路段，特别是郊外，没有安装电子警察。

电子警察

电子警察是指装在交叉路口或路段上，对机动车辆进行不间断自动检测和记录的系统，利用了先进的光电、计算机、图像处理、远程数据访问等技术，一般包括摄像头、数据传输设备、数据处理设备。电子警察可对闯红灯、超速、超载等违法行为进行检测，还能记录交通事故发生过程甚至记录道路上的其他违法行为，作为侦破或审判案件的依据。随着科技发展，电子警察的应用将更加广泛。

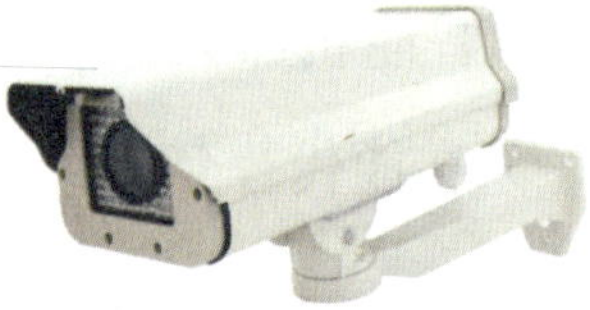

↑电子警察摄像设备

↑路口的电子警察

↑电子警察传回的路况图像

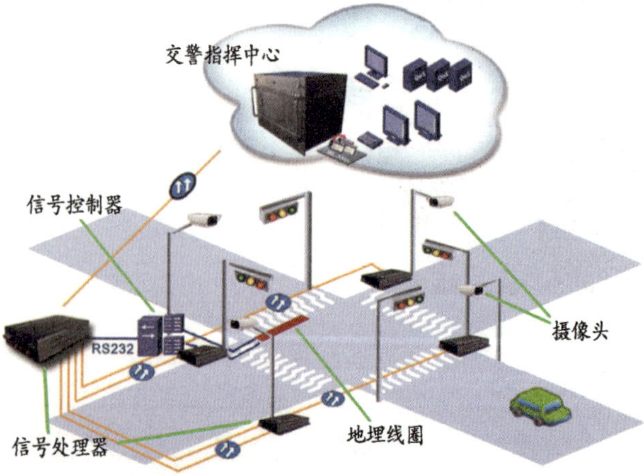

↑电子警察系统工作原理图

如果交警要监测道路车辆是否超速，可以把这辆车停在路旁，打开雷达测速仪，就能知道路过的车辆是否超速了。”

“真的啊，真是方便极了，路口的是固定电子警察，这个就是移动电子警察！”毛毛兴奋地眼睛都冒光了。

“对。其实，不单是城市内的路口和部分路段有电子警察，高速公路上也有电子警察，主要是检测超速、遮挡牌照等违章行为。而移动电子警察一般安装在交警巡逻车上，这样就机动灵活了。移动电子警察的监测数据，也会传输到交警部门的指挥中心。”

毛毛听了，一脸向往：要是什么时候能到交警的指挥中心去参观一下就好了。

天渐渐黑了，爸爸终于找到一家满意的旅馆住进去。

“啊！终于可以休息了，一天都坐在车上还真累呀！”毛毛伸着懒腰倒在床上一动不动。“嗯，当司机也不容易，那些开长途车的司机天天这样开车还真辛苦！”妈妈感慨道，也一屁股窝进沙发里不愿动弹。“哈哈，这才走了多少路你们就受不了了，后面的路还长着呢，自驾游可是很耗体力的哦。大家养精蓄锐，别总想着辛苦的地方，回忆一下路上的经历和见闻，你们就不会觉得累了。都先好好洗一洗，我叫点外卖，晚上就在房间将就一顿，吃完早点睡。”爸爸笑呵呵地安慰着两个第一次体验自驾游的人。

天上的星星很亮很亮，衬得周围更加漆黑。饱含着满满的收获，带着对下一段旅程的期待，毛毛甜甜地睡着了。睡梦中，毛毛看到自己跟着爸

活　动

出行时留心观察，你能找到默默坚守在道路上的“电子警察”吗？自觉遵守交通法规是每个驾驶员的职责，不开超速车、不开斗气车是保障交通安全的前提，你有什么建议？写一写。

爸妈妈来到了海边，欣赏着美丽的日出；来到了泰山，感受着群山的巍峨；来到了水乡，品味着小桥流水人家的独特韵味……

交通指挥中心

指挥大厅是交通指挥中心最重要的部分，分为指挥调度区、交通违法行为拍摄区、交通事故接警区、交通信息采集发布区和交通信号控制区等几个功能区，墙上是巨大的显示屏，即时显示出城市交通状况。

交通指挥中心通过智能交通管理指挥系统（ITS），收集遍布全城的电子警察传输过来的数据信息，自动对违章情况或交通拥堵信息进行筛选并突出显示，供操作人员及时处理，或就近调派巡逻交警前往事发地点进行现场处理。

指挥中心主要具有以下功能：实时掌握交通脉动，快速感知交通堵塞；快速调度警力资源，协作处置突发事件；关联查询违法车辆，集中控制交通监控设备；自动记录工作日志，调用系统预案辅助指挥调度。

↑交通指挥中心

活动

你经常收听交通台的广播吗？交通台与交管指挥中心是怎样的关系？

6 讨厌的天气

一觉醒来，看着爸爸、妈妈忙东忙西的，毛毛也加入了“战斗”之中。很快行李收拾好了，大家坐上车，准备开始新的旅程。

天气似乎不太好，有些阴沉沉的。“要下雨了吗？”妈妈担心地询问着。“可能吧，我们听听天气预报。”说着，爸爸打开车载收音机。广播中插播了一条天气信息：“请车友朋友们注意，本市预计未来 12 小时内有强降雨，气象部门发布了暴雨黄色预警信号，请大家随时注意天气，安全行车！”顿时，大家脸上的表情都定格在了这一刻。

爸爸听到这条天气信息之后，微微皱起了眉头：“不好，看来这是旅途上遇到的第一个考验呀！”听爸爸这么一说，毛毛可着了急，这可怎么办呀，原本那勇往直前的斗志与信心，在这一“噩耗”的打击下已所剩无几。毛毛忐忑不安，爸爸妈妈也担心了起来，车里一下子安静了下来，看着毛毛有些失望的表情，爸爸赶紧安慰道：“毛毛，没关系，这也是出行前的准备之一，食物、衣物只是准备的一个部分，最重要的是咱们要时刻准备迎接一切突发的情况，在外面难以预测的事情有很多，需要我们更加沉着、

冷静、理性地思考问题。别担心，就把这次恶劣天气看作一次挑战吧，我们一定可以顺利战胜它的。”说完，爸爸看了妈妈一眼，投去了温暖的目光。

“什么是暴雨黄色预警信号？这到底是多大的雨呢？”毛毛紧锁眉头，虽然心里充满了担心，但还是忍不住好奇。

“你自己用平板电脑查一下吧。继续开车上路需要咱们更加谨慎，我要再检查一下车况。”说完，爸爸将车慢慢在路边停下，下车开始仔细地检查汽车，一会儿走到车前，一会儿俯身车底。爸

↑黄色预警

↑蓝色预警

↑红色预警

↑橙色预警

暴雨预警信号

暴雨预警信号是气象部门通过气象监测在暴雨到来之前做出的预警，预先防范暴雨带来的灾害。预警信号会根据天气变化情况及时更新或解除。暴雨预警信号一般分 4 级：

蓝色预警：12 小时内降水量将达 50 毫米以上，或已达 50 毫米以上且降雨可能持续。

黄色预警：6 小时内降雨量将达 50 毫米以上，或已达 50 毫米以上且降雨可能持续。

橙色预警：3 小时内降雨量将达 50 毫米以上，或已达 50 毫米以上，且降雨可能持续。

红色预警：3 小时内降雨量将达 100 毫米以上，或已达 100 毫米以上，且降雨可能持续。

部分地区将黑色预警设为最高等级，如香港。福建省也曾在连续发布 4 次红色预警后，增加发布黑色预警。

活　动

接到蓝色、黄色、橙色、红色报警信号时，驾驶人员应该采取什么措施？问问父母，把你的结论写一写。你知道接到哪种暴雨预警信号学校就必须停课吗？

爸一脸严肃，妈妈也将所带的物品重新整理，将雨衣、毛巾等全部拿了出来，又到路边的超市买了一些水和饼干、巧克力、方便面等食物。毛毛也没有闲着，一会儿给爸爸搭把手，一会儿帮妈妈拎东西。大家谁也不说话，安静、仔细地做好出行前的最后准备。

←给车胎安装防滑链

使用雨刮器的效果→

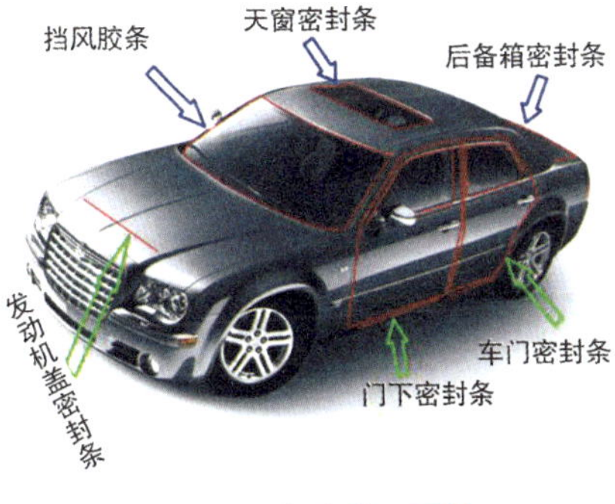

↑汽车的防水系统

雨雪天的车辆检查

雨雪天，天气可能比较阴暗，视野容易受影响，路面比较湿滑，因此着重要检查轮胎、雨刷、天窗、前挡风防水槽、灯光系统等。

检查轮胎：着重检查轮胎表面花纹磨损情况，花纹缝隙中有无杂物等。下雪天必要时还要带上防滑链，以备需要时安装。

检查雨刷：要检查雨刷是否灵活，查看雨刷刮条的使用效果。

检查天窗：有天窗的汽车，要检查天窗排水孔是否疏通，以防堵塞造成车内进水。

检查前挡风防水槽：检查排水孔和管道是否畅通，避免积水造成发动机室和车内进水。

检查灯光系统：检查全车的近光、远光、尾灯、雾灯等是否正常。

另外，随车工具也需要做好检查，以免遇到突发状况可以进行简单处理。

活　动

汽车轮胎通常有四季轮胎、夏季轮胎和冬季轮胎之分。它们有什么区别，有怎样的科学道理呢？下面三个轮胎，你知道分别是什么轮胎吗？请研究一下轮胎尺寸纹路和用途之间的关系。

出发了，一家人开着车，经过几个路口，很快就上了高速。雨虽然还未下，但天上的云层越来越厚。

渐渐地有了一点风，左边的天已经被黑云遮盖，半明半暗的天空显出几分诡秘，更增加了暴风雨来临前的恐怖气氛。天上的乌云迅速地扩张，好像一张乌黑的巨口，要把剩下的半边天吞没一样。

毛毛和妈妈心里都很紧张，身体下意识地向前倾着，紧紧地盯着黑沉的天空，两人一起建议爸爸到下一个路口出去找个地方避避雨。毛毛爸竟然有点兴奋，一边开着车，一边不断地望着天空："没事，这种天气我经历过好几次。我们一家第一次自驾远行，就碰上了这样的天气，很'幸运'啊。你们不觉得现在的风景很独特很壮观吗？"

爸爸的热情让毛毛和妈妈放松了一点。可能是因为天气原因，高速路上车辆不多，显得比较空旷，这也给母子俩一些心理安慰：只要小心点开慢点，下雨应该也没关系。

开着开着，忽然车窗外开始狂风大作，乌黑的天幕上划过一条条耀眼的闪电，紧接着就是轰隆隆的雷声。毛毛吓得赶紧躲进了妈妈的怀里："好害怕呀！"

妈妈拍了拍毛毛的肩，壮着胆子安慰说："瞧你！原来还是个胆小的'男子汉'呀！没事，只是闪电而已，别怕。"

瞬间，大雨倾盆而下，车窗外闪电一道一道游动在天空之中，一次一次地撕裂天幕。毛毛心生胆怯，不敢直视，但又不想被妈妈笑话，就悄悄地往妈妈身边靠了靠。

"暴雨已经来了，你们放心，我会更加小心。"爸爸说着，放慢了车速。

大雨丝毫没有减弱的意思，爸爸一路都非常谨慎，虽然大家早早就预期到这一路一定很难走，但预想的怎么也没有现实中那么步步惊心。你瞧！

雨水打在车玻璃上，雨刮器虽然一直在工作，但雨实在是太大，为了能看清路面的状况，爸爸时而睁大双眼，时而又将眼睛眯缝起来。爸爸丝毫不敢大意，眼睛、手臂、双脚……似乎全身的所有部位都把精力集中到了眼前的这一点。三四十公里的路，毛毛一家竟花了半个多小时。

毛毛也全神贯注地盯着前方，浑身绷得紧紧的。忽然发现前面似乎有个很大的黑洞，怎么回事？就在毛毛急着想提醒爸爸注意时，汽车慢慢开近了，毛毛这才发现原来是一个隧道，真是太好了！毛毛兴奋极了。

↓谨慎通过积水路段

↓行驶在中间车道更安全

↑雨中打开雾灯行驶

雨天驾驶小常识

下雨天，尤其是暴雨天气，视线、视野、路面积水、大风、其他车辆、汽车灯光等，都会对驾驶造成影响。这时，司机一定要保持冷静，高度集中注意力，谨慎驾驶，要做到：降低车速，打开前后雾灯；保持良好的视野，掌握好雨刷器速度，及时清除玻璃上的水幕和雾气，不要开“盲车”；平稳、匀速驾驶，保持车道，谨慎超车；注意路面积水，不要冒险通过。

活　动

你知道雪天、雾天需要注意哪些驾驶小常识吗？为什么雪天更不能急刹车？下面哪些是造成雨雪天交通事故的原因？

能见度低□　车距小□　路面湿滑□　反应时间短□　听广播□

车况不良□　刹车距离增大□　视线不良□　强行超车□

隧道行车安全常识

很多驾驶员认为隧道相对封闭，不受雨雪等天气干扰，应该更加安全。但实际上，隧道是公路的特殊路段，也是事故多发路段，因此有必要提高认识，掌握一些常识：白天隧道内外光线相差大，人眼短时间难以适应，因此进入隧道前100米左右应减速，并开启前照灯和尾灯；在隧道中行驶要拉开足够安全的车距，不要开远光灯，不要变换车道及超车；若车辆出现故障要尽可能离开隧道后再处理；驶出隧道时要握好方向盘，以防隧道口的横向风使车辆偏离车道，并且不要匆忙加速。

下雨天，还要特别注意隧道内的积水，出隧道前要先打开雨刷器。

“进了隧道，雨就不会那么吓人了吧，我的心都快跳出来了！”毛毛不禁松了口气。车一进隧道，打在车上的雨声一下子消失了，眼前的路也一下变得清晰起来，毛毛和妈妈一颗悬着的心终于放了下来。

“隧道里行车也有很多危险，咱们可不能掉以轻心！”爸爸仍然非常谨慎地观察着前方。

↓隧道内外光线差别大

↑隧道内严禁超车

↑进入隧道提前打开灯光

活　动

隧道内安全事故出现频繁。请你调查，现已出台了哪些具体的举措来降低事故的发生率？

“爸爸快看，前面有亮光，快到出口了！”毛毛喊道。“好像雨小了很多，你们听。”妈妈边说边竖起耳朵仔细地听。

车越来越接近出口，果然雨声并不像之前那样让人发慌。出了隧道，毛毛看着天，乌云散去了一些，虽然雨仍未停止，但那一颗揪着的心终于可以放下了些。

“大雨天开车真可怕！”毛毛想想仍心有余悸。一家人互相诉说着自己紧张、恐惧、兴奋等种种心境，庆幸能成功地通过这一关。

安全起见，毛毛爸爸提议今天早点结束旅程，毛毛和妈妈一致赞同。前方出口刚好是一个较大的城市，正好适合休整。

出了高速，雨也停了。进城的路段正好在修路，又刚下过雨，地面泥泞得很。在这样的天气开车真是一项苦差，这一路辛苦了爸爸，也辛苦了毛毛家的“千里马”，原本气派的战马已经污泥满身了。“爸爸妈妈，我们一起动手给汽车洗个澡，好吗？”毛毛饶有兴趣地问。

“洗车也是一件很专业的活儿，咱们可不一定能做好。这样，我们找个专业的洗车店吧。”

“叔叔，我们的车需要清洗。”来到洗车店，毛毛迫不及待地向工作人员提出要求，并介绍了这一路的坎坷，叔叔边听边观察着汽车：“小朋友，可不能着急哟！大雨大雪之后，爱车可不能直接清洗，它的保养很有学问。”工作人员耐心地向大家介绍有关清洗车辆的注意事项，毛毛聚精会神地听着，不禁感慨道：“原来给车洗澡比咱们人类洗澡还麻烦，真是处处都有学问呀！”

糟糕的天气给毛毛一家的出行带来了不便，原本想借机好好欣赏窗外美景的毛毛没有如愿，但回头想想，这一路的收获也是沉甸甸的。毛毛经历了暴雨天行车的艰难，不禁想：“还有哪些恶劣的天气会影响行车安全呢？又有哪些安全小常识呢？”毛毛拿着平板电脑饶有兴趣地开始了他的研究……

雨雪天后车辆清洗和保养

雨雪天后，车身容易沾上酸性雨水、污泥、含有融雪剂等盐分的雪水，这些对车辆都有一定的腐蚀作用，需要尽早清除干净。清洗车身和轮胎，包括车门下侧空隙、轮毂内等处；检查漆面，有刮痕或破损的漆面，清洗后要修复；清洗天窗，着重清洗密封条，润滑导轨；清洗车门等活动部件与车身连接处；清洗车灯，检查密封性；清洗雨刷器，检查刮条；清洗底盘，必要时要做防锈处理；检查点火系统，若受潮及时干燥；检查进气系统，及时干燥；检查油液，特别是雨刮水，及时添加。

↑清洗轮毂

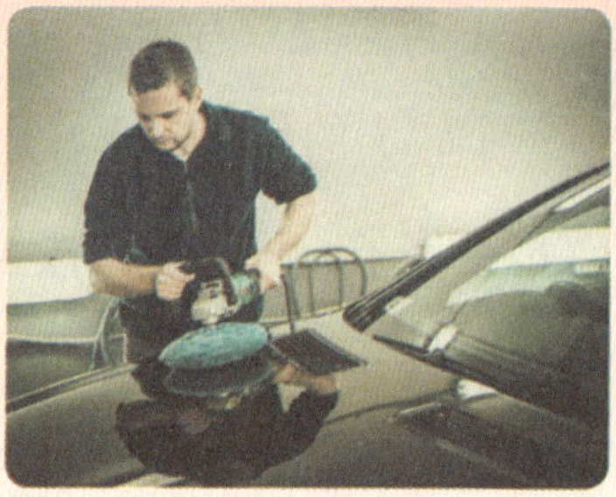

↑打蜡抛光

↑检查电路

↑自动洗车机清洗车身

活　动

雪天开车经过撒盐路面后为什么必须要洗车？做个小研究吧，把你的结论写一写。

7 油去哪儿了？

第二天，天气很好，也许是昨天下了雨，空气很清新。

一路上，毛毛和爸爸、妈妈有说有笑，聊着一些趣事和这一路上的见闻。突然，汽车嘀嘀地叫个不停。

“妈妈，汽车为什么叫呢？坏了吗？”毛毛望着妈妈着急地说。此时，妈妈也一脸茫然，不知所措。这时，爸爸有些得意，开玩笑地说：“你看，要是没有我在，你们都不知道怎么回事了吧！”说着，手指了指仪表盘说：“你看什么灯亮了？”毛毛一看，汽车的油量表上一个红色的指示灯在不断闪烁，指针指在圆弧的最低处。原来，一家人看到天气很好，居然忘了加油就上路了。

毛毛有些着急了，忙问：“妈妈，车子没油就动不了了，停在这前不着村后不着店的高速公路上，该怎么办呀？”妈妈摸摸毛毛的头，安慰他说：“别着急，还能开一段路，到下一个高速公路服务区就可以加油。”这下毛毛总算松了口气，但嘴里还是嘟哝着：“以后每天出发前都要记着看看油量表，万一没油了，而路上又没有加油站那就惨了。”

小汽车迷毛毛对汽油的问题又产生了浓厚的兴趣：“汽车开动就要消耗油，那

每辆汽车消耗的汽油量一样吗？”

“当然不同咯，汽油消耗的多少和汽车的排量有关呢。”爸爸回答。

毛毛听后似乎有些明白：“噢！我知道啦，汽车排量就像是人的胃，胃越大，吃得就越多，力气就越大，动力越足，耗油就越多，对吗？”

爸爸连连点头说：“对的，我们家毛毛真爱动脑想问题！一路上看到的那些越野车、跑车之类的通常排量都比较大，动力足，速度快。我们这次不开妈妈的车也是这个原因，爸爸的车排量大些，更适合长途旅行。”

毛毛忍不住继续问道：“那怎么才能知道汽车的排量呢？”

“这个我知道。”妈妈一边说着一边用手指了指后面，“看车尾就知道啦！”

毛毛还是有些不明白：“车尾为什么可以知道汽车的排量是多少呢？难道看烟管大小？”

油量表

油量表一般在汽车驾驶座前方的仪表盘上，用来显示和监控油箱里燃油的储备量和消耗量，便于驾驶员及时掌握。油量表有指针式和数字式，旁边有加油机标志。表盘上一般有两个英文字母——E,F。E(EMPTY）表示油箱空了；F(FULL) 表示油箱满了。当燃油不足发生报警时，表示燃油即将耗尽，但一般还能行驶 20 ~ 80 公里。长期在山区行驶的汽车，往往自带备用油箱。

↑汽车仪表盘

↑带两个备用油箱的越野车

活　动

汽车油量表报警后，有经验的驾驶员会采取一些措施，降低汽车行驶油耗，使车辆能坚持行驶到加油站。你知道是哪些措施吗？

“这个嘛，你自己去了解吧！也许会有额外的收获哦。”妈妈笑着说，“期待你的答案！”

毛毛嘟起了嘴：“好吧，等会儿车停下来，我去看有什么不同！”妈妈笑着说：“我的宝贝儿子真能干，已经学会自己动脑筋解决问题了。还有10公里就到加油站了，你们休息一下。”

毛毛看到加油站入口一些指示牌，轻声念着：“限速5公里、汽车要熄火加油、禁止烟火、禁打手机……”进入加油站注意的事项真的好多哦！

“怎么有这么多的规定啊？”毛毛好奇地发问。

“加油站是个很危险的地方，这里储存着大量的汽油、柴油，这些油都容易挥发到空气中，

↑汽车尾部的排量标示

汽车排量和油耗

汽车排量是衡量汽车的重要参数，指汽车发动机气缸容积的大小，一般用升（L）来表示。汽车尾部一般有排量标示，如“08”就表示排量为0.8升，“20”就标示排量为2.0升，不同品牌略有差别。

油耗是衡量汽车消耗油量的指标，一般以汽车在良好路面匀速行驶100公里的耗油量标示，即百公里等速油耗。油耗与路况、实际行驶情况、汽车载重量等均有关系，实际油耗往往高于标示的等速油耗。

汽车排量越大，单位时间释放的能量越大，动力越足，耗油越多。

活　动

下面这些汽车的排量是多少？汽车排量真是越大越好吗？说说你的看法。

稍有不慎很容易点燃、爆炸。因此，必须告知大家不能做的事。”爸爸郑重地说。

就在这时，妈妈的手机铃声响了，是外婆打来了电话。好久没和外婆联系了，妈妈不想错过，拿起手机就要接。毛毛惊得一身冷汗，尖叫:“妈——妈——加——油——站——不——准——接——电——话！！！！！你——接——电——话，加——油——站——会——爆——炸！！！！！”妈妈吓了一跳,手机差点飞出去。

不仅如此，毛毛还对妈妈进行了一番“批评教育”，手指着入口处的警示标志说：“你没看到柱子上的那块牌子吗？那牌子上清清楚楚地画着：不准打手机！等我们加完油，出了加油站再打给外婆也不迟啊！”妈妈忙说:“哎呀，我忘记啦！一会儿再给外婆打回去！”毛毛这才松了口气。

毛毛虽然不是第一次到加油站，但以前没注意到还有这么多知识。所以，他

加油站的安全注意事项

加油站是为机动车辆添加油料的地方，属于易燃易爆场所，出于安全考虑，有很多规定和禁令。进入加油站必须做到：不吸烟、不点火；不接打电话；不敲击铁器和加油设备；不在站内检修车辆；不从事可能产生火花的事；不穿、脱和拍打化纤服装；不直接向塑料容器、木制容器内灌装汽油；车辆熄火后再加油，等等。如遇雷雨天气，加油站都会停止加油。

↑加油站的常见标识

活　动

你认识下面的标志吗？你还知道哪些在加油站出现的标志，把它们画下来。

今天兴奋极了，东瞧瞧，西望望，对这里的一切都很好奇，一双手指指点点，嘴巴里念念有词。

“咦？爸爸，加油站牌子上的数字是什么意思？”毛毛看着加油机问道。

“是燃油标号，0 号是柴油，89 号、92 号、95 号都是汽油。”毛毛一脸茫然，继续问道：“爸爸，那 89 号、92 号、95 号的汽油到底不一样在哪里呢？”

“学问可大了，我慢慢跟你说。”爸爸耐心地将汽油标号的知识细细讲给了毛毛听。

毛毛追问道：“那我们家的车加哪种汽油呢？”

“我们的车加的是 92 号汽油，一般家用小轿车都是加 92 号或者 95 号汽油。”

“毛毛，你知道汽油是从哪里来的吗？”妈妈看到两个人聊得这么起劲儿，就忍不住想考考毛毛。

“我听科学老师说过，好像是用石油提炼的，更多的就不知道了。”毛毛很谦

汽油和柴油的标号

汽油标号是燃油抗爆性指标，标号越高表示燃油中的异辛烷含量越高，抗爆性越高。现在常见的汽油标号是 89 号、92 号、95 号等。汽车的发动机都有固定的压缩比（使用手册上会标明），要根据压缩比选用燃油标号，标号高或低都会影响发动机性能，并可能对汽车造成损害。

柴油按凝点分级，轻柴油有 5、0、–10、–20、–35、–50 六个标号，主要用于车辆的柴油机；重柴油有 10、20、30 三个牌号，主要用于船舶、发电的柴油机。比起汽油来，柴油含更多的杂质，燃烧时也更容易产生烟灰。

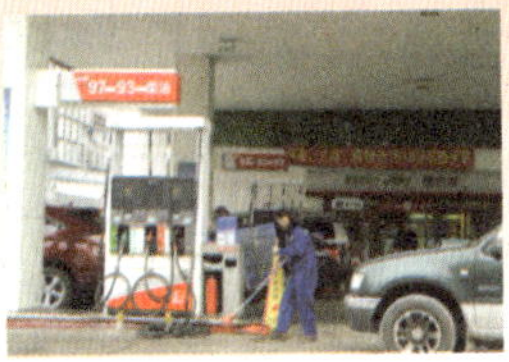

↑加油机

↑给汽车加油

活动

调查加油站供应哪几种标号的汽油？不同标号的汽油价格每升的价格分别是多少？

虚地回答。

“没错，加油站里提供的汽油、柴油、润滑油等车用油，都是从石油中提炼出来的。”妈妈欣慰地告诉毛毛。

“那石油是从哪里来的？”毛毛紧接着问。

“石油的历史可悠久了呢，它是古代海洋或湖泊中的生物埋在地下，经过亿

汽油是怎样炼成的

天然石油（从地下开采出来末加工时称原油）是一种可燃性流动或半流动粘稠液体，多为黑褐色或暗绿色，略轻于水，成分十分复杂。石油主要用来炼制汽油等燃料，也是制造合成纤维、橡胶、塑料以及农药、化肥、炸药、医药、染料、油漆、合成洗涤剂等的原料，被称为“工业的血液”。原油在炼油厂经过蒸馏、催化裂化、热裂化、加氢裂化、催化重整等工艺得到汽油组分，然后精制、调配得到汽油。

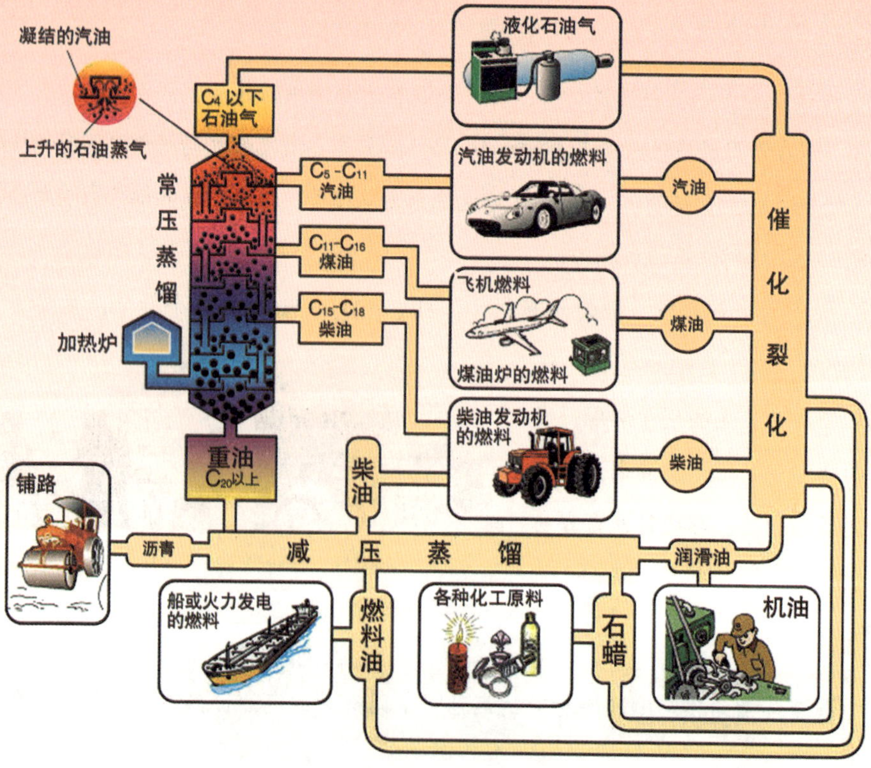

↑原油提炼示意图

万年时间变化而成的，要通过机器钻探、开采获得。我国东汉时期就有关于石油的记载，但‘石油’这个名称是北宋的沈括第一次命名的。”

“石油可是宝贝，从里面能提炼出许多有用的东西呢，毛毛你可要好好了解它哦！”爸爸拍拍毛毛的头，鼓励他继续探索石油的奥秘。

“啊！真神奇！有机会我真想看看石油的样子。”毛毛一幅无限向往的样子。

等待加油的汽车真不少。“唉，这么多车，什么时候才能轮到我们呢？”毛毛忍不住抱怨道，刚刚的兴奋也被消磨了许多。

这时，一位加油站的工作人员走了过来，妈妈摇下车窗。“您好，现在是加油高峰时段，您可能需要等待比较长的时间。如果赶时间的话，建议尝试一下快捷方便的自助加油，这样可以快一些。”

毛毛第一次听说可以自助加油，不禁联想起了上次陪爷爷看病时，爸爸用自助挂号机挂号的情境。毛毛赶紧拉着妈妈的手，说：“妈妈，前面的车实在太多了，什么时候才能轮到我们呀？不如我们去试试自助加油吧！”

“咱们没有自助加油卡啊。”妈妈为难地看着毛毛说。

“没关系，您可以办一张，手续简便，而且在全国联网的加油站都可以用。”工作人员继续推荐。

“好的，我去办，你们先把车开到自助加油机那边。”爸爸说着就推开车门跳了下去。

毛毛和妈妈刚到自助加油机器旁，爸爸就拿着卡过来了。妈妈兴奋地接过卡说：“咱们今天也来试试‘时髦’的自助加油吧。”

活　动

汽油除了用作发动机的燃料，还有什么其他用途？请你搜索相关资料，并记录下来。

妈妈按照自助加油机上图文并茂的步骤提示，释放静电，插入卡片，选择加油模式“定金额”，然后输入 450 元，紧接着提起油枪就开始加油，结束加油后挂枪，最后取出加油卡，动作干脆利落，一气呵成。毛毛忍不住给妈妈竖了个大拇指！

自助加油

为方便顾客，节约人力和时间，很多加油站推出自助加油服务。加油机上有相关步骤说明，操作非常简便，一般步骤如下：

将手放置在一个静电释放区，消除身上可能存在的静电；插入自助加油卡，设置加油金额或加油量，然后确认；开启油箱盖，将加油枪拔出插入加油口中，按下手柄就开始加油；到达所购油量后，加油枪自动关闭，放回加油枪，关好油箱盖；取回加油卡和发票等票据，完成加油。

有些加油站还有纸币自助加油机、二维码小票自助加油机、信用卡自助加油机，越来越方便快捷。

回到车上，毛毛特意看了看油表，指针从 E 指向了 F。“终于又有油啦。爸爸，加一次油就要 450 元，好贵啊！这些油可以用多久呢？”毛毛疑惑地问。

爸爸想了想说：“我们家这辆车的排量是 2.4L，走高速路况比较好，油耗大约是每 100 公里 12 升，刚才的油价是每升 6.50 元，你自己算算可以跑多远吧。”

毛毛一听，赶忙用右手的食指在左手手掌上写写画画，算了起来。

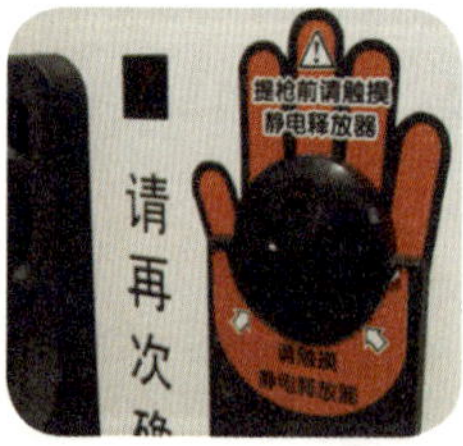

←静电释放器

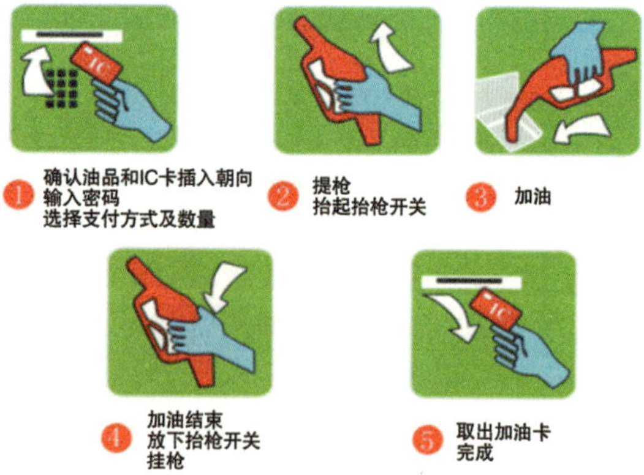

↑自助加油操作步骤

活动

在安全简便快捷的前提下，你有没有更好的自助加油方法？想一想。

8 咳，雾霾来了

加足了油，天气又好，汽车跑得很欢快。

到达B市已经是傍晚了。按照计划，毛毛一家要在这里停留一天，一是爸爸有几个好朋友在B市工作，正好一起小聚一下，二是连续走了好几天，大家都有点累了，借机好好休整一天。

因为今天不用赶路，一家人醒来，已经快9点了。毛毛一骨碌爬起来，拉开窗帘往外一看，平时已经发亮的天空今天却灰蒙蒙的。

“都9点了，怎么这么暗，难道又要下雨了？”毛毛疑惑地推开房间窗户，却发现外面既没有刮风也没有下雨，只是灰蒙蒙一片，有点像雾，但又不太一样，几百米外的楼房都显得模糊不清。毛毛扭过头，要求爸爸查查天气预报。

爸爸赶忙打开手机，很快报告：“天气预报说今天微风，重度雾霾，能见度不足1千米。请市民尽量减少外出，车辆注意行车安全。”

“哎呀，那我们还能不能去参加聚会啊？”毛毛站在窗户旁边，嘴里还没嘟哝完，突然咳嗽起来，“咳咳咳……哎呀，我是不是感冒了，咳咳。”

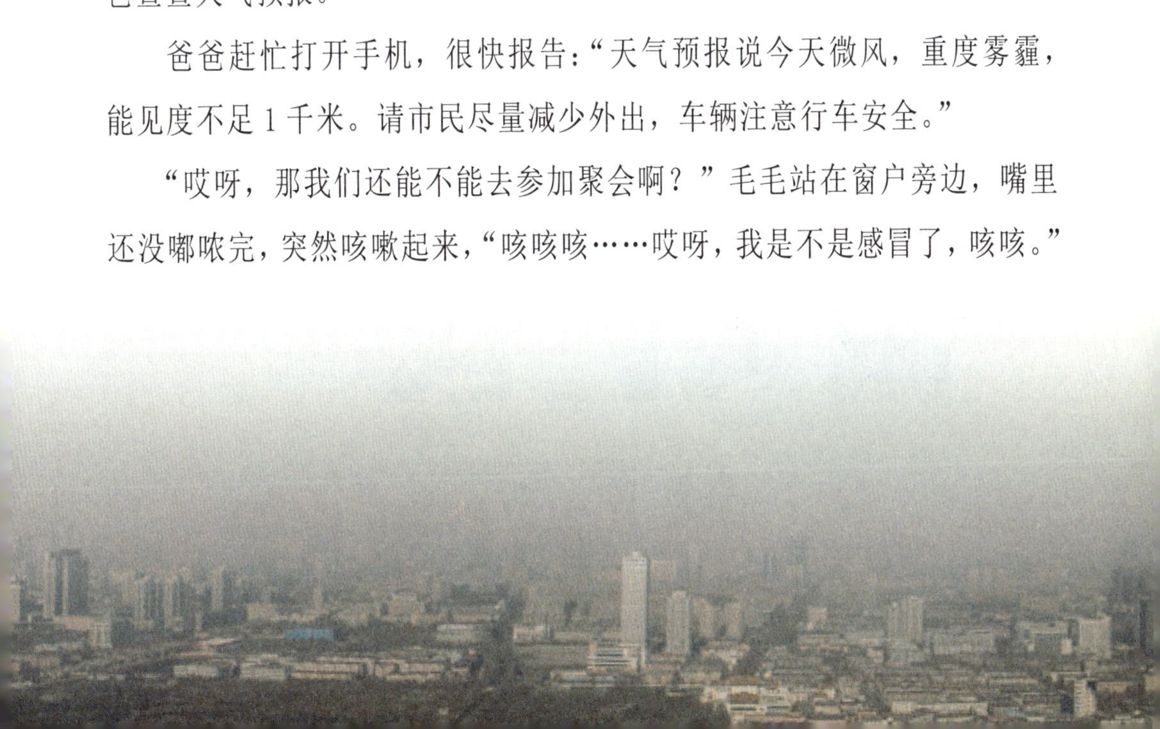

“都是雾霾惹的祸！今天天气不好，空气污染严重，出门时别忘了把口罩戴上。”妈妈嘱咐道。

又是雾霾？妈妈为什么会说自己的咳嗽与它有关呢？毛毛心里嘀咕着。

聚会安排在中午，地点离毛毛家住的宾馆有点远，因此，吃完早饭一家人就出门了。

雾霾

雾霾是雾和霾的组合词。雾是空气湿度很大，水汽凝结在空气中的灰尘等微粒上形成的；霾是由空气中的灰尘、硫酸、硝酸、有机碳氢化合物等微粒组成的。雾和霾虽然是两种不同的天气现象，但常常同时出现。

空气中的PM2.5，即粒径在2.5微米以下的可吸入颗粒物是形成雾霾的主要原因。PM2.5主要来自汽车尾气、道路扬尘、建筑施工扬尘、工厂排放的尾气、煤炭和秸秆、木柴等燃烧产生的烟尘等。PM2.5携带有大量病菌、重金属、有机污染物，可以直接被人体吸入肺部，并聚集在呼吸道、肺泡，甚至进入血液循环，引发哮喘、支气管炎等呼吸道疾病，进而破坏人体免疫系统，影响儿童生长发育。雾霾降低空气可视度，常常造成重大交通事故。

活　动

对付雾霾天，你的选择是什么？

↑戴口罩出行

↑开窗通风

↑骑车

↑减少外出

↑勤刷牙

↑勤洗脸

↑养绿植

↑吃血豆腐

来到大街上，毛毛不敢相信自己的眼睛了。平时早该升起的太阳现在却不见踪影；整个城市像在灰蒙蒙的大罩子里，眼前的建筑像被大雾吞没一样，看不见了；空气并不像平常起雾时有种湿漉漉的感觉，而是弥漫着有点呛的味道。路上的车辆纷纷打开了雾灯，连红绿灯都快看不清楚了。

街上的车一辆接一辆，像蜗牛一样慢慢往前爬。爸爸打开收音机收听交通台的广播。广播里说今天这场雾霾影响很大，出城的高速公路已经关闭，全市有一半以上的地段行车缓慢，部分路段已形成拥堵，交通事故比平常增加 倍多。毛毛一家很不幸，他们行驶的大街就是拥堵的

↑开启应急灯

↑打开大灯和雾灯

↑打开尾灯

雾霾天气驾驶小常识

雾霾天气会影响视线和对四周车距的判断，因此要特别注意。除行驶前注意检查车辆外，行驶过程中要注意：尽量不开车窗，调整好心态，低速行驶，打开前后雾灯及应急灯，两车道尽量选外侧行驶，三车道选尽量中间行驶，控制好车距，不要猛踩刹车，尽可能不要超车，经过路口时勤按喇叭提醒车辆和行人，停车时要提前打转向灯慢慢靠边，并开启应急灯。

活　动

你知道国家对治理雾霾出台了哪些措施？

□限号　□摇号　□限行　□采用新的尾气排放标准　□淘汰黄标车

为还城市一片蓝天，你能做什么？

□少开一天车　□用清洁能源车　□骑自行车　□采用公共交通　□步行

地段之一。

这时，爸爸接到了一个在机场工作的朋友电话，告诉他因为雾霾天气影响，很多飞机都无法正常起降，机场滞留的旅客很多，他需要加班，因此要迟一些过来了。

终于按时到达聚会地点，本来半个小时的路，居然走了快两个小时，幸亏毛毛他们出门早。可是那位机场的叔叔因为高速封路，还是没法赶过来，让爸爸和朋友们感到很遗憾。

聚会时，大人们一直聊着工作、生活，还回忆读书时的快乐时光。可是，最为活泼的毛毛却变得沉静起来，原来，他一直想不明白，是什么让空气中充满“霾”？雾霾天到底会造成什么危害？这些小问号一直困扰着毛毛，他希望在座的叔叔能给

汽车尾气与雾霾

汽车尾气中含有上百种不同的化合物，其中的污染物包括固体悬浮微粒、一氧化碳、二氧化碳、碳氢化合物、氮氧化合物、铅及硫氧化合物等。固体悬浮微粒会吸附空气中的水汽、微生物和其他污染物，从而形成雾霾。

目前，控制汽车尾气排放的主要措施有：提高燃油质量、提高汽车发动机技术、安装尾气处理器、提高汽车尾气排放标准、淘汰旧车、加强汽车环保年检、开发新型无污染低排放汽车等。

↑尾气污染

活　动

利用网络和书刊，查询汽车尾气的成分，并绘制主要成分图表。经过调查访问，你觉得有什么好建议可以减少汽车尾气的排放？请写下来。

他解惑。

似乎是看出毛毛的心事，妈妈鼓励地拍拍毛毛的肩膀：“有什么问题就问吧，叔叔们都能给你解答。”“雾霾真的很糟糕，它让人非常不舒适，怎么会有这么严重的雾霾呢？”毛毛小声地将自己的疑惑抛了出来。在气象部门工作的张叔叔笑着告诉毛毛：“这里的地理环境比较特殊，处在一个盆地，空气不容易流动。另外，近几年城市建设速度很快，建筑工地到处都是，扬尘自然增多了。市民经济条件变好后，机动车增加很快，为城市服务的货运车辆也显著增多，尾气排放就多。几个因素加在一起，就制造出了‘伟大’的雾霾啊。”

“原来如此，看来要减轻污染，杜绝雾霾天气，必须从减少污染源入手。咱们大家都

汽车尾气排放标准

汽车尾气排放标准是国家制定的法规制度，要求汽车排放的尾气中所含的一氧化碳、碳氢化合物和氮氧化合物、PM 等要低于某一个数值。目前，我国主要借鉴欧洲标准，也即是欧洲共同体成员国通行的标准。我国 2004 年开始实行国二标准，2007 年实行国三标准，2013 年实施国四标准，预计 2017 年实行国五标准。

标准等级	开始实施日期	CO	HC	NOx	PM	HC+NOx
欧洲Ⅰ号	1992 年 7 月	2.72（3.16）	—	—	—	0.97（1.13）
欧洲Ⅱ号	1996 年 1 月	2.2	—	—	—	0.5
欧洲Ⅲ号	2000 年 1 月	2.3	0.2	0.15	—	—
欧洲Ⅳ号	2005 年 1 月	1.0	0.10	0.08	—	—
欧洲Ⅴ号	2009 年 9 月	1.0	0.10	0.06	0.005	—
欧洲Ⅵ号	2014 年 9 月	1.0	0.10	0.06	0.005	—
注：欧洲载客汽车尾气废气排放标准，汽油发动机，单位：g/km						

↑ 欧洲载客汽车尾气排放标准主要数据表

活　动

看看你们城市的公共交通汽车的标牌，它的排放标准是执行哪个标准？记录下来和小朋友交流。

不要使用汽车了，这样就没有雾霾天了。”毛毛忽闪着大眼睛，说得铿锵有力。

爸爸听了毛毛的话忍不住笑了起来：“毛毛，不能因噎废食。汽车已经成了人类不可缺少的交通工具，无论是城市还是乡村都离不开汽车。你想象一下，如果没有汽车，生活会是什么样？”

毛毛的头脑里立刻闪现出一家三口坐着马车、牛车颠簸在道路上的情景，原本一天的路程要走几天甚至半月，什么时候才能到汽车城呀！太可怕了！可是汽车越来越多，路上就会变得拥堵；车越多，尾气排放就越多，污染就越严重，人们的身体就会受到影响，毛毛又开始别扭了。

似乎看到毛毛的为难，在交通部门工作的王叔叔适时地补充道：“目前人们还是离不开汽车的。然而，汽车使用量的提高使得汽车尾气成了环境的一种主要污染源，同时，道路的日益拥堵又增加了每台车的排污量。有科学数据显示，一辆2.4L排量车型，车速从30km/h降至20km/h，油耗直接飙升41%，而这个区间，正是堵车时的普遍时速，更多的油耗，意味着更多的排放。所以，要减少雾霾，首先要想办法减少汽车尾气排放。”

毛毛眼前一亮，兴奋地问：“爸爸，既然汽车尾气对空气污染这么严重，在生产汽车时，为何不想办法把尾气处理干净呢？”

“其实，全世界的汽车制造商都一直在努力解决汽车尾气的排放问题。就现在的科学技术水平，还不能完全清除掉尾气中的有害物质，但从汽车排放标准的不断提高，还是可以看到这方面的进步的。我国现行国四标准，相当于欧Ⅲ，标准已经提高了一大截。要想彻底解决，还需要很多人的努力。毛毛，你有没有信心？”

“我要向汽车尾气宣战！”毛毛高举右手，大叫道，“我要设计一辆汽车，它行驶时可以不产生尾气，这样，就不会污染环境了。”

“你有这样的想法真的很棒！”妈妈忍不住鼓起掌来。

“咱们毛毛一定会是个优秀的汽车设计师！”张叔叔也微笑着表扬毛毛有志气。

一场朋友聚会在愉快的交谈中结束，毛毛对于设计没有尾气汽车的愿望却越来越强烈。

在回旅馆的路上，毛毛忍不住问爸爸：“只要汽车不用汽油，就不会产生尾气，那电动汽车不就很好地解决了这个问题吗？为什么大家不使用电

纯电动汽车→

←电动汽车充电站

太阳能汽车→

绿色环保汽车

绿色汽车即环保汽车，是利用低排放、零排放的技术，以消耗最少能源减少环境污染和破坏的汽车。“绿色环保”不仅是从能源角度，而且在设计、制造、销售、使用，直至报废后回收再利用等过程，都要实现资源利用率最高、能源消耗最低。

目前，在绿色汽车发展方面存在三大派。“改进派”主张通过改进发动机技术来降低汽车的污染物排放；“改革派”主张通过改进燃料混合驱动，如油电混合、油气混合，来降低汽车的污染物排放；“取代派”主张通过用新型无污染能源取代传统燃料，如纯电动汽车、氢氧燃料电池车、太阳能汽车等，实现零排放无污染。

活　动

你能帮毛毛设计一款绿色汽车吗？注意标记绿色环保创意点哦！

动汽车呢？”

“电动汽车是没有尾气污染，但电动汽车电池容量有限，没法解决长途行驶问题。另外，现在汽车充电桩少，不像加油站这么方便，而且充电需要较长时间，不像加油这么快捷，所以还无法替代汽油车。”爸爸耐心地解释道。

“嗯，看来不仅要考虑尾气问题，还要考虑动力，我设计的汽车一定要动力获取方便，还要没有污染。”毛毛信心满满。

“如果能设计一辆汽车，它可以用各种能源行驶，可以不产生尾气，报废后还可以回收再利用，是不是很棒？”妈妈微笑地建议。

“那毛毛就可以设计一辆绿色汽车了。”爸爸开心地鼓励毛毛。

“绿色汽车？绿色的汽车？”毛毛的脑海中开始绘制图像。

“那绿色汽车就是节能、环保、可回收循环利用的绿色产品啦？”毛毛突然明白了。

“看来设计一辆绿色汽车还挺难的，我得好好考虑考虑。”毛毛拿起了自己心爱的画笔，郑重地在图纸上画下了“绿色汽车”设计的第一笔。

9　和乱停车说不！

行驶在大街上，毛毛看到路边电线杆上正随风飘动的广告旗，突然眼睛一亮，呀！明天这个城市有车展呢！他欢快地叫起来："爸爸，妈妈，明天咱们去展览中心看车展吧！"

"好呀！我们本来就是出来玩的，耽搁一天没关系，明天就去看车展吧！"既然爸爸都同意了，美丽温婉的妈妈怎能反对？于是一家人就这样高高兴兴地决定了。

第二天，雾霾消散了些，太阳出来了，天气还不错。

通往展览中心的主干道上挤满了汽车。"怎么这么多车呀！"毛毛不禁皱着眉头无奈地说道。

"今天是周末，天气又好，估计大家都选择出来逛逛吧！"妈妈解释道。

看着这一眼望不到头的车流，几乎是前车贴后车，速度如同蜗牛一般，毛毛不禁着急起来："像这样的速度，我们什么时候才能到呀！"

"不用担心，我刚才看了导航地图，前面有一条近道，我们待会走那条，一定快得多！"正说着话的功夫，爸爸打开右转向灯，拐进了一条小街，随后就听

见爸爸“啪”地拍了一下方向盘，说了声：“这下惨了！”

毛毛着急地问：“爸爸，怎么啦？”

爸爸叹了口气：“哎，这也堵上了！都是路边违章停车惹的祸。这条路本来就窄，还乱停了这么多车，能不堵吗？”

妈妈一边指了指停放在路边的车，一边指着路边的标志说：“路边明明有禁停标志，怎么还是乱停车呢？”

“应该是一些人不够自觉。毛毛你看，警察叔叔来处罚违章停车了。”毛毛顺着爸爸手指的方向看去，只见远处停着两辆警用摩托车，两位交警叔叔往这边走来，不时对路边违规停放着的车辆指指点点，不时还互相交流几句。接着，

禁停标志

禁停标志有三类，一类是禁止临时停车和长时间停车，图案为红圈中有红色叉；一类是禁止长时间停车，红圈中有红色单斜杠；一类是区域禁止停车，图案为黄方格画有“X”。有时图案上会增加时间、车种和范围等辅助标志。

↑禁止临时或长时停车

↑禁止长时间停车

↑黄格区域禁止停车

活动

你知道下面各个有关停车的标识的含义吗？写下来。到大街上寻找一些标示，并拍照留存。

其中一名交警拿出一部照相机，对着路边几辆违停车辆拍照，拍完车头又拍车尾。同时，另外一位交警掏出笔和纸，“唰唰”在纸上写着什么，然后撕下来，“啪！”牢牢地贴在车前窗上。

“好！车主想要抵赖，真是一点门儿都没有啊！”妈妈不禁感叹地说。

“爸爸，叔叔贴的是什么呀？”毛毛不解地问。“是处罚通知书，这是告知车主违章被处罚了。”爸爸说道，“不过，这违章停车告知单也有区别哦，想知道吗？”

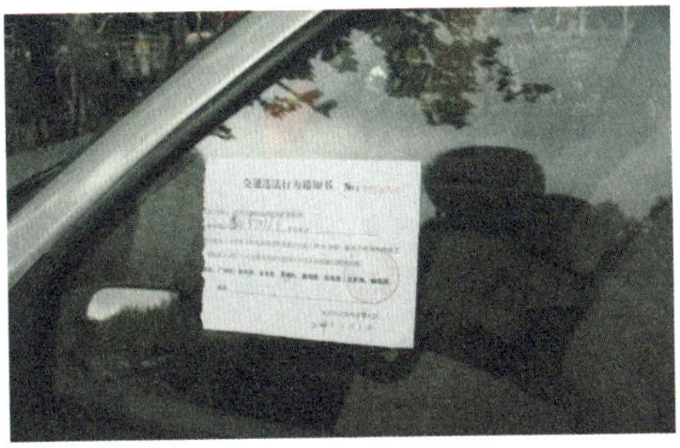

↑违章停车被贴罚单

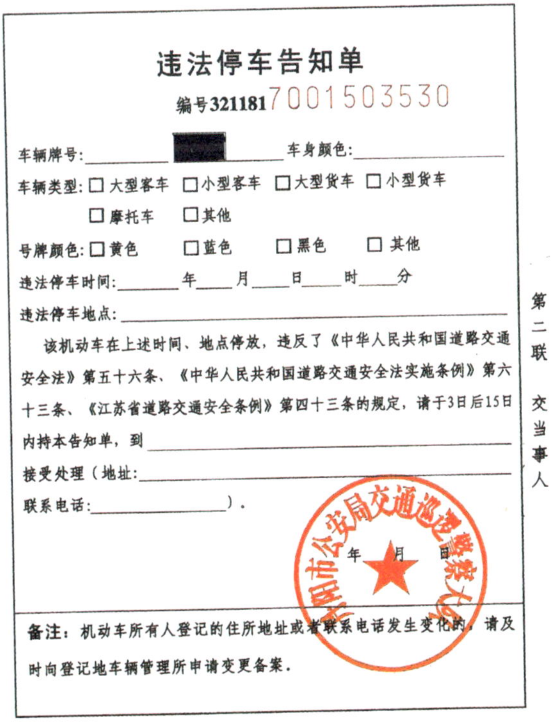

违法停车告知单

编号3211817001503530

车辆牌号：[redacted] 车身颜色：

车辆类型：☐大型客车 ☐小型客车 ☐大型货车 ☐小型货车 ☐摩托车 ☐其他

号牌颜色：☐黄色 ☐蓝色 ☐黑色 ☐其他

违法停车时间：＿年＿月＿日＿时＿分

违法停车地点：

该机动车在上述时间、地点停放，违反了《中华人民共和国道路交通安全法》第五十六条、《中华人民共和国道路交通安全法实施条例》第六十三条、《江苏省道路交通安全条例》第四十三条的规定，请于3日后15日内持本告知单，到＿＿接受处理（地址：＿＿联系电话：＿＿）.

年 月 日

备注：机动车所有人登记的住所地址或者联系电话发生变化的，请及时向登记地车辆管理所申请变更备案.

第二联 交当事人

↑违停罚单

违章停车的处罚

对违反道路交通安全法律关于机动车停放或临时停车规定的，如果驾驶人在场，交警可以指出违法行为，予以口头警告，令驾驶人立即驶离。这时驾驶人只要快速驶离即可。如果驾驶人拒绝驶离，车辆妨碍其他车辆、行人通行的，交警会处以二十元以上二百元以下罚款。如果驾驶人不在场，除开具罚单外，如果停放的车辆妨碍其他车辆、行人通行，交警部门有权将该车辆拖移至不妨碍交通的地点或交管部门指定的地点停放。

活动

周末和父母去路边看看有没有违章停车的现象，把们拍照下来，做个小小义务交通协管员。

爸爸一边絮絮叨叨地解释给毛毛听，一边努力地移动着座驾。过了好长时间，毛毛家的车才从小街道的“泥沼”中穿行而出。本来想节约时间，这下倒好，反而耽误了不少。

终于到了展览中心。来看车展的人真多啊！门前广场上停满了私家车，车与车之间还见缝插针地停了不少电瓶车、自行车，行人只得在车阵中穿行。

爸爸望了望露天停车场，那里整整齐齐地停着一排又一排的汽车，仿佛列队的士兵，爸爸只好驶向了地下停车场。可是，地下停车场入口的车也排起了长龙。

“地下停车场也这么挤啊，我们还能进去吗？”妈妈有点担心。

“放心吧，还有不少空位置呢，你瞧前面的指示牌。”爸爸果然有经验。毛毛看到在停车场入口的电子指示牌上写着剩余车位“52”，放心多了。

毛毛一家的车好不容易来到停车场入口。只见一座玻璃亭子立在车道中央，向左右两边伸出长长的“手臂”，挡住车道。一位保安叔叔从车窗递过来一张磁卡，

智能停车卡

停车卡是停车场用于记录车辆进出时间及收费的智能卡，目前使用较为普遍和成熟的是IC卡和ID卡，有相应的读卡器配合使用。读卡器会发出一定频率的辐射波，读取IC、ID卡中的数据，但卡到读卡器的距离一般不超过1米，有的更近。也有超过1米的，但价格较贵，不够经济，使用不普遍。

还有一种远距离读卡器，可以读5~8米甚至几十米的卡，但这种卡不是IC、ID卡，而是专用卡，比如有的高速公路设有ETC通道，通道入口装有专用读卡器，可以远距离读取高速通过的车辆上的ETC卡信息。

↓停车场入口

↓停车卡

↓ETC系统

随即“咔”一声，拦车杆打开了。“这卡是干什么用的啊？”毛毛这个好奇宝又发问了。“这是计时卡，就像在高速公路上领的通行卡一样。”爸爸解释道，“等出来时，再凭这张卡上记录的时间缴费。”

“专心开车，仔细找车位。”妈妈朝停车场努努嘴，及时打断了父子俩。

地下停车场里的车好多啊，横一排，竖一排，挨挨挤挤，满满当当。

“哪有空位啊？”爸爸在停车场内转了一圈，也没找到车位。就连毛毛也加入进来，一家三口，六只眼睛，就像六部雷达在扫描着。

“找到啦，找到啦！”毛毛兴奋极了，“快看，左边，左边，爸爸转弯进去。”

“明白！”爸爸也发现目标。

“哎，怎么开过啦？”毛毛很着急，“车位在后面啊！”

“别急，别急！”爸爸很淡定。说着便转动方向盘，开始倒车，直到车的右前角接近前车左后角时，又将方向盘开始往回转。

“滴滴滴，60 厘米、50 厘米、40 厘米……”车载倒车雷达不断发出警报声。

“下车吧！”爸爸果断拉动手刹，熄火。整个过程一气呵成，真是太酷了。

“爸爸，刚才你为什么不直接开进去啊？”毛毛很疑惑，还没解开安全带就急忙追问了过去。

“倒车进去，出来就方便多啦。”爸爸笑着回答。

“原来如此，倒车技术还真不错，爸爸真棒！”毛毛伸出了大拇指！

一家三口乘坐地下停车场的电梯上楼，很快就来到了展厅。展厅外面有 8 个

活　动

设计并制作你自己的临时停车卡，在它正面你想写上哪些信息，在它的背面要写上停车须知呦！

↑自制临时停车卡

机器人，机器人的眼睛是用灯光做成的，头还会转动呢！

“擎天柱！大黄蜂！……”毛毛兴奋地叫着它们的名字，感觉真棒！

走进宽敞的展示大厅，一个个美丽的车模摆着优美的姿势欢迎大家的到来。这次展出的不仅有豪华车型，还有精美的车内饰品。皮草的座椅、法国的香薰、镀金的车饰……无不彰显贵族风范！

毛毛看到一辆很酷的跑车，急忙坐进了驾驶室，手握方向盘，仿佛正开着它飞速行驶在马路上，一辆辆车都被他远远甩在后面了。好威风啊！哈哈，我也是驾驶员了！妈妈乐呵呵地拍下了这珍贵的一瞬间作为纪念。一家人随着人流，把几个展厅都转了一遍。爸爸妈妈给毛毛拍了很多照片，每张都有毛毛喜欢的车型。

转眼就下午两点了，一家人饭也没吃，兴奋劲一过，疲惫袭来，觉得口干舌燥、饥肠辘辘。

还是填饱肚子要紧。三个人回到地下停车场，开车到出口处把停车卡递给收费员。收费员把卡往刷卡机上一靠，一伸手：“22 元！”毛毛吃了一惊：“这么贵！怎么算的啊？”

妈妈看出了毛毛的疑惑，用手指了指旁

倒车雷达

倒车雷达全称叫“倒车防撞雷达”，也叫“泊车辅助装置”，是汽车泊车或者倒车时的安全辅助装置，由超声波传感器（俗称探头）、控制器和显示器（或蜂鸣器）等部分组成。倒车雷达能以声音或者图像告知驾驶员汽车周围障碍物的情况，扫除了驾驶员的视野死角和视线模糊等问题，提高了驾驶的安全性。

↑超声波传感器

（图中的小圆点）

↑控制器和显示器

活 动

有的车没有倒车雷达系统，有倒车雷达系统的按照探头的数量、位置也不一样。你调查一下，探头一般有哪几种布局方式？可以先拍照片，再统计分析。

边的停车收费标准牌。毛毛顺眼望去，只见牌子上写着："首小时内 1.5 元 /15 分钟，首小时后要 2 元 /15 分钟！"

"哇！一小时要收 6 到 8 块钱啊！"毛毛惊呼。

"是啊！随着私家车越来越多，停车费也越收越贵喽。"妈妈感叹道。

"妈妈，咱们还不如打车来呢！"毛毛撅着嘴抱怨着。

"哈哈，咱们家毛毛会算账啦！"妈妈打趣儿道，"以后啊，等你长大了设计个智能停车场，有更多的空间停车，估计这个问题会缓解不少！"

回去的路还挺顺畅，快到宾馆门口时，毛毛

停车管理

城市停车场一般都是收费停车场，由物价部门、公安部门等联合制定收费标准，并在显眼位置设立收费标准牌，便于计算停车费用，并监督收费的执行。不同城市、同一城市的不同地段的收费标准可能不同，一般来说，繁华地段的收费标准高于其他区域。

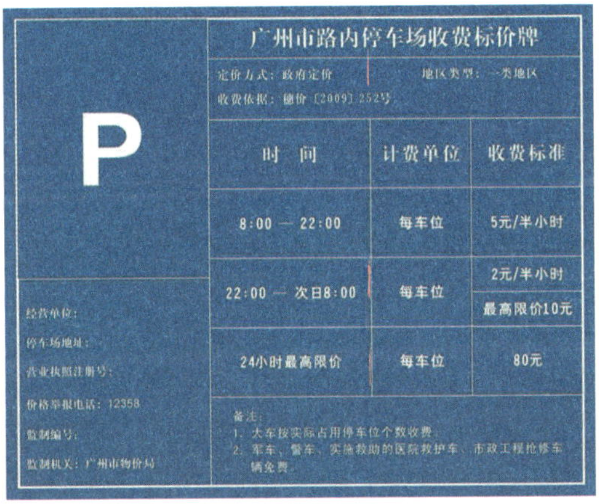

↑停车收费标准牌

活　动

露天停车场的车辆停放方式主要有下面几种。汽车的通道应大于或等于 3 米。

↑垂直式

↑斜列式

↑平行式

↑交叉式

以小型车占地面积：长 5 米，宽 2 米，通道为 3 米计算，哪种停车方式最节省面积？做几张 5 厘米 ×2 厘米的纸片，在同一张较大的纸（模拟停车场）上摆一摆，或者画一画，说出你的结论。

发现路边横七竖八地停了许多车辆，还有一些车都停到了人行道上，行人和自行车都只能在车缝里穿行，不知道的人以为这是一个停车场呢。

“为什么这些车都停在路边呢，不能停到小区或者停车场里吗？”毛毛不解，皱着眉头，嘟哝道。

“应该是旁边这个小区里没有了车位，或者有人不守规则乱停车，比如一辆车占两个位置之类的。这些车没地方停放了，才都停在马路上吧。”爸爸猜测。

“嗯，有可能。”毛毛点了点头说，“这也说明小区管理上可能有问题，小区的门卫应该严格一些，比如加强巡逻，帮助车辆正确停放，控制外来车辆在小区停留时间，多向住户宣传停车知识，我想汽车乱停现象一定能减少！”

“我们的小毛毛说得太对了，其实不仅停车，我们做任何事只要每个人都能自觉遵守规则，那这个社会就一定会和谐而美好！”妈妈赞许地说。

毛毛听了，立刻手捂胸口，庄严宣誓：“爸爸，我一定要做一个遵守规则的人！”

停车难已经成了城市的通病，如何解决呢？晚上回到住处，躺在床上的毛毛一直思索着，久久无法入睡……

各式各样的停车场

停车难已经是世界各地大城市普遍存在的问题。各个城市一方面通过大力发展地铁、快速公交等公共交通、对大城市的汽车保有量进行限制、通过提高停车费调节汽车数量等措施来解决，另一方面设计建设更多、更好利用空间、更便于停车管理的先进停车场。

↑屋顶停车场

方形多层循环立体车库↑

↑圆柱形多层循环立体车库

↑螺旋式停车楼

活　动

从你的日常观察来看，还有哪些地方可以用来停车？你心目中的立体停车楼是什么样子？把它画出来。

10 马路“杀手”

终于离开B市了，毛毛还有些恋恋不舍。虽然讨厌的雾霾天气让大家很不爽，但车展上新奇、先进的汽车却给毛毛留下了深刻的印象。

清晨的交通真不错，马路上汽车井然有序，毛毛和妈妈坐在后面欣赏着窗外的风景，爸爸将汽车开得很平稳。

心情好的爸爸竟吹起了口哨，轻快嘹亮的口哨声在车内回荡，毛毛和妈妈也情不自禁地跟着哼唱起来……

汽车很快驶离了市区，前面就是高速公路收费站，毛毛发现有许多交警正在忙忙碌碌地检查着什么。“咦？怎么这么多交警啊？”毛毛不禁产生了疑问。“应该是检查酒驾吧，最近新闻上播了几起因酒驾引发的车祸案件，真是令人深恶痛绝。”说起酒驾，妈妈有些愤怒。

就在这时，交警伸手拦下了一辆车：“先生，请将车开到路边，下车接受吹气检查。”车在路边停稳后，司机慢慢下了车，脸色看上去有点红。

当交警拿出仪器让他吹气时，他赶紧推挡，连声说：“这大上午的怎么会喝酒？你相信我，真的不需要吹。”交警无奈地摇摇头说：“你必须接

受测试，否则将强制进行。”司机于是很不情愿地吹了几口气，嘴里还嘟嘟嚷嚷：“不就是昨天晚上喝了几杯小酒吗？早就醒了，能有什么问题嘛。”

交警举着测试仪器对司机说了句什么，只见司机大声嚷嚷起来：“我真的是昨天晚上喝了几杯小酒，这都过了一个晚上了，怎么会这么高？是不是你的仪器出了问题？”可事实就是事实，现在说什么都晚了，几名交警将这位司机带走了。

看到这里，毛毛唏嘘不已：“为什么大人总是这么自以为是，明知道喝酒不能开车，哪怕是睡了一觉也不行，还要犯错。”“总

酒后驾驶

我国规定，驾驶员血液中酒精含量大于或等于20mg/100ml，小于80mg/100ml的为酒后驾车，大于或等于80mg/100ml的为醉酒驾车。世界卫生组织调查显示，约50%的交通事故与酒后驾驶有关，酒驾已经成为车祸致死的主要原因，是交通事故的“第一杀手”。人体内酒精达到一定浓度时，人对外界的反应及控制能力会急剧下降，处理紧急情况的能力也随之下降，酒精浓度越高，下降越明显。

《中华人民共和国刑法修正案》（2011年）首次将“醉酒驾驶”行为定为“危险驾驶罪”，若查获将面临最高拘役六个月的严厉处罚，五年内不得重新取得驾驶证。

↑警示标志

↑车祸现场

↑被撞扁驾驶室的货车

↑交警查酒驾

活　动

酒驾行为分酒后驾车、醉酒驾车、酒后驾驶运营车、醉酒驾驶运营车、酒驾或醉酒驾车造成重大事故等，对于这几种行为分别如何处罚？写一写。

有一些人抱着侥幸心理，事故就是这样发生的。咱们可不能像他一样，要做个合格的驾驶者，珍惜生命，远离酒精！”爸爸赶紧表明立场，他要做毛毛的榜样。

顺利通过酒驾检查后，毛毛一家终于通过收费站，驶入环形匝道。就在他们拐弯进入匝道后，一辆白色汽车突然从后面冲了过来。虽然爸爸已经从后视镜里看到了它，但还是避让不及，被它撞到了车尾。“砰”的一声，爸爸、妈妈和毛毛都随之一震，幸好他们都系好了安全带，才没有受伤。爸爸赶紧熄火，下车检

追尾事故

同车道行驶的车辆，后车车头与前车车尾相撞的事故叫追尾。常见于变道并线时，尤其是高速公路上多发。预防追尾和被追尾的方法：与前后车都要保证足够的距离；开车千万不能分心，更不能疲劳驾驶；不要随意变道，变道、并道前要充分注意四周车辆的行驶情况；不要超速驾驶；尽可能不要在高速公路停车，必须停车时，要提前打转向灯，并停在紧急停车带上，打开双跳灯并放置警示牌。

←↓ 连续追尾

←汽车追尾

活　动

你知道追尾事故的责任如何认定吗？勾一勾。

追尾事故情况	车辆	责任
后车撞上正常行驶的前车	□后车□前车	□主责□次责□全责
前车倒车	□后车□前车	□主责□次责□全责
前车溜车	□后车□前车	□主责□次责□全责
前车停车未开双跳灯并设警示标志	□后车□前车	□主责□次责□全责
多车连续追尾	□后车□前车	□主责□次责□全责

查自家汽车受损情况，再查看追尾车辆的情况。

开车的是一位大叔，他受惊不小，还在木然发呆。爸爸发现对方也系好了安全带，没有受伤，只是受到了惊吓，于是和大叔交谈起来：“先生，您没事儿吧，能下来吗？”大叔猛然回过神，下车后看到自己的汽车一个车灯玻

交通事故快速处理

交通事故快速处理是指对在本市道路范围内发生的仅造成车物损失或人员轻微伤害的交通事故一律实行快速处理。

下面是经常遇到的可以快速处理的一方全部责任的交通事故：

超越前方正在超车的车辆；后车追尾；倒车追尾；变换车道时未让该车道内的车先行；前车遗撒物品导致出现交通事故；超越前方正在左转的车辆；在行车道上开车门；未遇到障碍的车未让遇到障碍的车；在机动车道上违章停车；遇无信号灯的十字路口，对向行驶的右转的车没有让左转车；溜车追尾；通过无交通标识的路口，未让右方道路的来车先行。

事故时间	年　　月　　日　　时　　分			事故地点			
代码	姓名	驾驶证号或身份证号	车辆牌号	保险公司	电话	保险公司报案号	
A							
B							
C							
事故情形	1. 追尾的□	2. 逆行的□	3. 倒车的□	4. 溜车的□	5. 开关车门的□	6. 违反交通信号的□	7. 未按规定让行的□
	8. 依法应负全部责任的其他情形□			情形描述：			
	9. 双方应负同等责任的□			情形描述：			
伤情及物损情况							
当事人责任	A 方负本起事故		B 方负本起事故			C 方负本起事故	
	1. 全部责任 □ 2. 同等责任 □ 3. 无责任 □		1. 全部责任 □ 2. 同等责任 □ 3. 无责任 □			1. 全部责任 □ 2. 同等责任 □ 3. 无责任 □	
	以上填写内容均为事实，如有不实，愿负法律责任。 A 签名：＿＿＿＿＿＿　B 签名：＿＿＿＿＿＿　C 签名：＿＿＿＿＿＿						
赔偿情况	自愿放弃保险索赔，自行解决协议如下： A 签名：＿＿＿＿＿＿　B 签名：＿＿＿＿＿＿　C 签名：＿＿＿＿＿＿						

↑快速处理协议书（样本）

璃碎了，大叫起来："你是怎么开车的，好好的干嘛突然停车，你看这下怎么办？""好凶啊！"毛毛有些害怕，担心大叔和爸爸打起来。妈妈安慰道："别怕，爸爸能处理，这是一般的交通事故。"

爸爸忍着没有生气，耐心地把整个事情的经过讲了一遍，并做了一些分析，认为是大叔的车离毛毛家的车太近，又没控制好速度才造成追尾的，可大叔并不同意。爸爸又带他来到驾驶室，打开行车记录仪给他观看故事发生的整个过程。在事实面前，大叔终于不再争论了。

这次事故不算大，毛毛家的车只是车尾中下部凹进去一块。爸爸和大叔都同意快速处理。两个人用手机把车辆的现场情况一一拍照，然后都把车移到紧急停靠带，打开双跳灯，放上警戒牌。

这次事故是因为"追尾大叔"转入高速公路的匝道之后，没有及时刹车控制车速导致追尾，应该负全部责任。毛毛家汽车和追尾汽车都正常办理了交通责任强制保险，双方可以协商约定去事故快速处理点办理定损理赔手续。

商量好之后，爸爸和"追尾大叔"分别给保险公司报案，签好了《机动车交通事故快速处理协议书》，交换了名片，友好道别，约定下午到C市的高速公路交通事故快速处理点办理定损理赔手续。

今天刚出门就遇上追尾和查酒驾，尽管高速上的车并不算多，爸爸也不敢像前几天一样意气风发了，一路上全神贯注，严格控制车速不超过时速

活　动

出了交通事故我们该怎么办？选一选。

□打122报警　□向保险公司报案　□将车挪到不妨碍交通的地方

□以平和的心态进行沟通　□树立警示牌　□拍照

□签订《机动车交通事故快速处理协议书》

你知道哪些交通事故当事人应保护现场，立即报警，等候交通警察处理吗？写一写。

120 公里，固守自己车道，不随意超车、变道。

突然，前面车道的车辆都慢了下来，车尾的红灯连成一片。赶紧踩下刹车，慢慢靠近。

出车祸了！毛毛一家急忙下车，爸爸迅速在车后 150 米处摆放了警示牌，又让妈妈打开了危险报警灯。

连续追尾！只见前面有几辆车堆在一块儿，最后边的一辆轿车引擎盖拱

交通事故报警电话

122 报警服务台是我国公安交通管理机关为受理群众交通事故报警电话，指挥调度警员处理各种报警、求助，同时受理群众对交通管理和交通民警执法问题的举报、投诉、查询等而设的部门。

拨通 122 号码后，将所见交通事故情况简明扼要地叙述一遍，注意说明事故的发生地点、时间、车型、车牌号码、事故起因、有无发生火灾或爆炸、有无人员伤亡、是否已造成交通堵塞等，并告知你的姓名、性别、年龄、住址、联系电话等。

↑ 122 报警电话

活　动

你知道 110、112、114、117、119、120、121、12315 等各是什么电话吗？发生警情、病情、火情时该如何报警？和家人或同学一起，模拟各种报警过程。

↑ 交通事故车辆

了起来，车头钻到前面一辆 SUV 的下面；SUV 的车尾瘪进去一大块，车头的引擎盖也拱起来了，紧紧顶住前面一辆车；那辆车的后备厢盖掀起来了，而车头斜着，一边的车灯没有了，把前面车的车尾也撞飞了一角……

有人在打电话报警，更多人已经展开了紧张的救援，大家打开事故车的门，把里边的人陆续搀扶出来：有的头破血流，有的胳膊折了，有的无法站立，有的精神恍惚，有的号啕大哭……被救出的伤员横七竖八地躺在地上，地上

交通事故保险理赔

出现交通事故后，首先抢救人员、保护现场并及时用电话和保险公司联系报案。单方事故可直接向保险公司电话报案。对于双方事故，可拨打 122 报警，由交管部门认定各自责任，并出具交通事故认定书。凭借认定书，由双方保险公司进行定损。

↓快速处理理赔中心

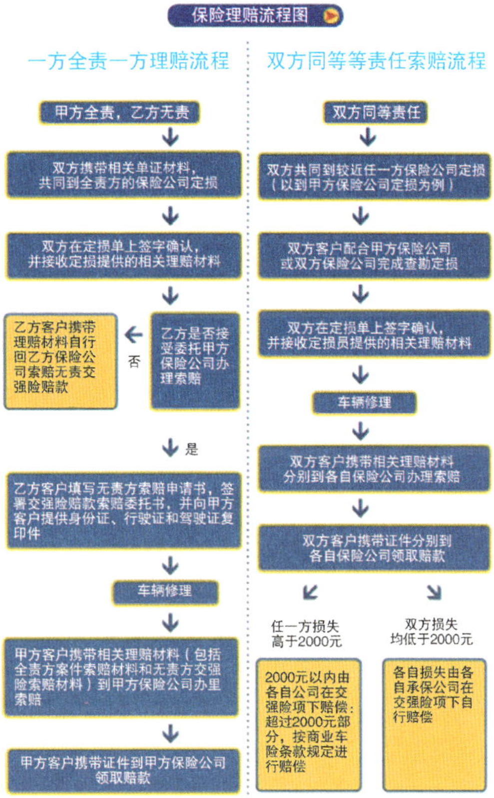

↑交通事故保险理赔流程图

活　动

交通肇事逃逸是指机动车驾驶员在发生交通事故时，擅自逃离事故现场，使交通事故所引起的民事、刑事、行政责任无法确定，其目的在于推卸、逃脱责任的行为。你知道《中华人民共和国道路交通安全法》对这种行为有怎样的处罚吗？写一写。

到处是碎屑，现场一遍狼藉。

妈妈一边提醒毛毛注意安全，一边跑回车里拿来便携式医用箱，爸爸把后备箱的矿泉水也拿来了，一起加入到紧急抢救伤员的行动中。爸爸妈妈一边伤员包扎伤口，一边抚慰人们的情绪。毛毛紧紧跟在后面，不时地搭把手。这时，有一个阿姨大喊道："大家要注意，不要随意移动脊柱受伤的伤员，以免神经受损导致终生瘫痪！大家看看伤员中有没有昏迷的？不能呼吸的？对于这些伤员，大家要抢先救治！"在她的指挥下，救援有条不紊地进行着。

交警很快就到了，随即救护车也赶到了，伤员们陆续送走了。大家都松了一口气。

这一上午经历了太多事情，再次上路后，毛毛一家情绪低落，大家默默地听着车载音乐，谁都不想说话。

到了C市找好宾馆，爸爸就给"追尾大叔"打电话，双方约好了到交通事故快速处理中心的时间。

短暂的休息后，一家人出发来到了交通事故处理中心，"追尾大叔"已经在那里等着了。

爸爸和"追尾大叔"把拍下的事故现场照片、《机动车交通事故快速处理协议书》等材料交给交警，交警很快出具了《责任认定书》，然后联系"追尾大叔"的车辆保险公司代表。保险公司代表查看车辆后，很快出具了定损文件，办理好了一系列理赔手续。

11　修理修理你

追尾事故给毛毛家带来的直接问题就是要在C市逗留两天——修车要用两天时间。

毛毛有些小小的郁闷：“唉，真倒霉！要是没发生追尾事故，咱们这会儿就能到汽车城了，那可是我最期待的地方！”

“别难过了，C市也有很多有趣的地方呀，咱们正好在这儿休息、游玩一下。”妈妈安慰着。

“可是这样不仅耽误了咱们的时间，还要花好多钱修车，多不值呀！都怪那个大叔！”毛毛总觉得这次损失太大了，忍不住继续抱怨。

“呵呵，毛毛开始关心经济问题了嘛，果然是懂事了。”爸爸笑眯眯地拍拍毛毛的头，接着说，“这一点你不用担心，咱们的汽车和那位大叔的汽车都有保险，维修也不需要自己出钱。昨天在事故处理中心就已经全部解决好了，由于是那位大叔犯的错误，所以咱们的维修费由大叔投保的保险公司承担。咱们只要到保险公司指定的汽车维修厂修理就好了。”

“啊，是这样啊，那我就放心了。嘿嘿，我不是担心您钱都花在修车上，

没钱去汽车城了嘛！”毛毛都有些不好意思了。

“你这个小调皮，想得还真多！放心，绝对能顺利带你去汽车城！”妈妈笑着道。

“好啦，我明白了！那咱们就快点儿去维修厂吧！”毛毛都有些等不及了，恨不得马上将车修好，赶紧上路。

妈妈要留下来整理物品，去修理厂的工作就变成毛毛和爸爸的了，不过这正是毛毛期望的。

毛毛和爸爸来到指定的维修厂。一位工作人员走了出来，亲切地接待了毛毛和爸爸，并将毛毛家的汽车送到了维修车间。

在这里停了好几辆汽车，都是受到“伤害”的，有的汽车外壳有很多划痕，属于“皮外伤”；有的和毛毛家的车一样，不是这瘪了一块，就

汽车维修厂

汽车维修厂是专门修理汽车和总成的单位。总成指汽车上具有独立功能的部分，如发动机、变速器、转向器、车架等。很多汽车4S店同时配套有汽车维修厂，专门负责同品牌的汽车维修和保养。

汽车维修一般有两种方法。一种是就车修理，即把车上损坏的部分拆下来修理后，再装上去。另一种是总成互换，即把车上损坏的总成全部拆下，用另外的总成直接替换。后一种方法较为节省维修时间。

↓汽车维修厂

↓工程师在修理发动机

↑打磨车身

↑维修人员在讲解汽车故障

活　动

有机会的话，到车辆维修厂参观一下，了解维修厂的工作情况。

是那凹了一块，估计这也是发生碰撞造成的，属于“皮肉伤”；有的汽车前车盖都变形被掀开了，还有的不是少了前灯就是少了尾灯，算是“伤筋动骨”了。十几个工人们忙碌着，有的躺在车身底下，有的猫着腰查看引擎盖下面的机器，还有的在给车身喷漆、打蜡。

“咦？这辆汽车怎么玻璃和门都没了，身上还黑乎乎的？”毛毛看到角落里一辆车只剩下一副车架了，像发现了新大陆似的。

汽车自燃与防护

在路上正跑着，或好好停着的汽车突然着火燃烧起来，就是汽车的自燃。汽车自燃现象并不鲜见，尤其是在炎热的夏天。

↑消防员正在扑救自燃汽车

↑烧的面目全非的汽车

汽车自燃的原因主要有：汽车的油路漏油、漏液；电线老化或者接驳不当造成短路或产生火花；高温引起易燃物品的燃烧；车辆撞击，或者机件故障引起火灾。汽车自燃前一般有征兆，如能闻到橡胶煳味、塑料煳味、焦煳味、未燃烧的汽油味、烧机油味、蓄电池臭味等，若能及时发现，及时检查，便可消除隐患，避免自燃。车内驾驶位和后备厢放置灭火器，可以迅速灭火，把损失降到最低。

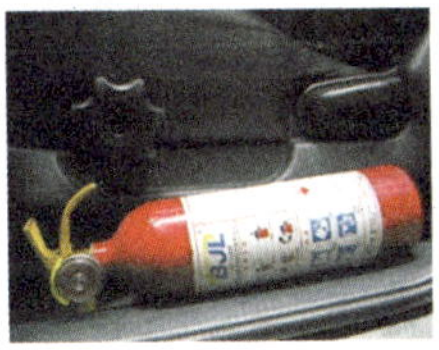

↑车门处的灭火器

↑后备厢的灭火器

↑座椅下的灭火器

活　动

汽车在太阳底下暴晒时，一些物体易受热膨胀，有可能爆炸或者爆燃，从而引发汽车自燃。你知道，下面哪些物品不可以长时间存放在车内，为什么？

□碳酸饮料　□杀虫剂　□矿泉水　□打火机

□放大镜　□灭火器　□香水　□空气清新剂

“应该是自燃烧掉的。”爸爸猜测着。

“天哪，自燃！”毛毛大叫起来，开始胡思乱想：“神话故事中经常有自己身上着火烧死自己的，那都是被咒语控制了，难道这辆车也被咒语控制了吗？”这么想着，看着那辆面目全非的“车”，毛毛不由自主地倒退了两步，心里直发毛。

爸爸好像能读懂了他的心思似的：“呵呵，你是不是觉得汽车挺危险呀？”

毛毛拼命点头，他现在挺惧怕那辆“车”。

“哈哈，没事的！”爸爸大笑着说：“汽车自燃并不是毫无预兆的，只要事先做好安全措施，敏锐发觉异样，及时检查排除，一般自燃也是能避免的。”

毛毛这才放下心来，慢慢靠近，打量着那辆车。是什么原因造成它自燃呢？

毛毛的小问号总是很多，走到哪儿问到哪

汽车保养

汽车保养主要是对发动机、变速箱、空调、冷却、燃油、动力转向等系统进行检查、清洁、补给、润滑、调整等预防性工作，保持车容整洁、状态正常，预防故障发生。通常汽车保养都在4S店或汽车维修厂进行，有一定的期限。

俗话说“三分修七分养”，日常保养把握好五油、三水、五轮胎，即可让汽车保养无忧。五油指汽油、机油、变速箱油、动力方向机油、刹车油，三水指水箱水、雨刷水及电瓶水，五轮胎指轿车的四个轮胎和一个备用胎。

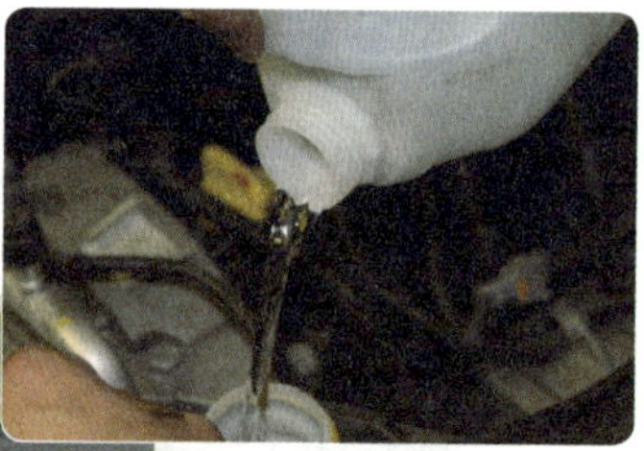

↑添加油液

↑检查油液

↑检查车辆的电子系统

活　动

查阅相关资料，说说轿车定期保养的依据有哪些？

儿，一般人还真招架不住呢。这不，爸爸觉得难得来修理厂一次，还是让毛毛过足瘾吧。于是，他叫来了一名工作人员，希望他带着毛毛参观一下修理厂，有什么困惑也好帮毛毛解答一下。

这真是太好了！毛毛也毫不客气，问题连珠炮似的一个接着一个，真有些让人应接不暇。工作人员一一解答后，毛毛才满意地离开一处，再到另一处。

前方是一排高大的架子，好几辆汽车被高高吊起。毛毛非常不解："这是干什么呀？为什么把汽车吊起来？"

工作人员指着架子告诉他："这叫吊架，检查或修理底盘时，吊起来有利于开展工作。"

"噢。"毛毛若有所思地点点头，接着问道，"那我们家的车也要被这样吊起来吗？"工作人员笑了笑说："不需要的，您的车只需要拉钣金和做漆，除非您需要养护一下，我们也可以让您的车在这里停留一下。"

"哦？我只知道像妈妈那样的女生会用化妆品保养，手机会用手机贴膜保护，汽车是怎么保养的呢？"毛毛很好奇。

"汽车保养和你说的保养差不多，都是为了保持汽车的'健康'。"工作人员回答道。

"哇，妈妈可是天天都擦化妆品的，汽车要每天都保养吗？爸爸怎么没有给我们家的汽车保养呢？会不会影响汽车的健康啊？"听了工作人员的话，毛毛有些小担心。

"不要担心，汽车保养并不是每天都做的，它有一定的时限要求，只要在规定时间内，定期保养就可以了。"

"这样我就放心了。"毛毛大大地松了一口气。

"咦？那不是我们家的汽车吗？"在一个装有透明玻璃墙的大屋子里，毛毛发现自家汽车正静静地停在那里，它的后备厢盖子被高高掀起，凹了一块的车尾板被卸下来放在一个架子上，一个工人师傅正在认真捣鼓着。

为什么自家的车要单独放在一间房间里呢？似乎是看出了毛毛的疑问，工作人员解释道：“这是喷漆车间，专门修复汽车漆面损伤的，这里要求绝对干净，不能有杂七杂八的东西。”

“原来如此。”毛毛了然地点了点头，继续和工作人员往前走。

在一堆零件前，几个叔叔正满头大汗地清理着。毛毛觉得很奇怪：“他们为什么要清理这些废旧的零件啊？它们还有用吗？”

“这些是旧零件，但不是废零件。它们都是从受损的车上拆下来的，有些清洁一下可以继续用。旧零件能更好地与原车配合，缩短维修后的磨合时间，有助于汽车技术性能的恢复。

汽车大修

大修是指汽车发动机、变速箱、空调、冷却、燃油、动力转向等总成系统中的一项或多项出现故障，需要修理或更换零部件或更换新系统的修理方式，使汽车完全或接近完全恢复车辆技术性能的恢复性修理。

汽车大修工艺流程复杂，要求严格，修理后的系统和附件必须经过性能测试，合格后方可组装。大修后的汽车还要安装修理技术标准进行调整、测试，符合标准后才能出厂。因此，很多国家对汽车大修次数有严格要求。

↑大修车身

↑大修动力转向系统

活　动

了解下面的汽车工具，问问爸爸，它们是做什么用的。

只有大修才要更换新零件，那才叫‘脱胎换骨’呢。”

毛毛有些迫不及待：“嗯，那您能告诉我什么情况下才要大修吗？”

工作人员介绍了许多关于汽车大修的知识，毛毛听得津津有味。

听着听着，毛毛又产生了新的想法，“这些零件为什么要循环使用，只是为了环保吗？万一材料不结实怎么办？”

“环保当然是一个方面了，但这些零件一般都是原厂生产，质量标准更严格，性能更加稳定。只要没有损坏就有利用价值，甚至比一些配件厂生产的新零件质量还好。很多国家都回收汽车零件，比如美国和德国。另外，这些零件

汽车回收利用

汽车回收利用是对报废汽车零部件进行拆卸、再制造和再循环利用。随着汽车报废量的增加，汽车回收已经形成产业，很多国家制定了相关法规。美国、日本等发达国家的汽车回收利用率已经达到80%左右。拆解的零部件有20%~30%可以经过装修、翻新后再利用，有50%以上可以作为原材料进入再循环。发达国家一般由汽车制造商负责回收，有的制造商已经从设计、制造、材料选用阶段就考虑资源的再生利用问题。汽车零部件的拆卸回收与再生是节约资源、降低成本，实现汽车绿色化设计的重要措施。

↑待拆卸的报废汽车

↑压扁的车架

↑拆卸下来的轮毂

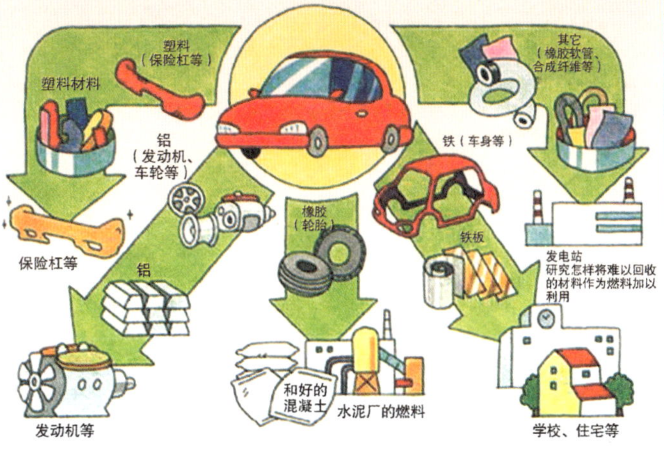

↑汽车回收流程图

也要经过检测，只有检测合格才能循环使用，不合格的是需要报废的，不要担心。”停顿了一下，工作人员接着说：“即使是报废的零件，也要回收回炉作为原材料重新利用，变废为宝。不是有这样一句话吗：垃圾是放错了地方的资源。总之，我们不会随便将它们弃置荒野的。”

毛毛又增长了一个关于汽车回收的新知识，不禁感叹道：“怪不得美国、德国等国家汽车工业这么先进、发达，原来对报废汽车还能够做到环保回收再利用啊！”

“是的，我们要向他们学习。”工作人员点点头。

毛毛表情严肃地说：“现在地球资源越来越匮乏，如果继续滥用的话就会耗尽。我们应该做到资源分类，回收利用，这样我们的地球家园才会更加美丽。”

“没错！”工作人员为毛毛的一番话热烈鼓掌。

来到休息室，爸爸正笑眯眯地等着他呢。一看到爸爸，毛毛就叽叽喳喳地讲个不停，恨不得把在维修厂里获得的信息一股脑儿都倒出来，简直就是一只快乐的小鸟！

爸爸摸了摸毛毛的头：“这也算是因祸得福吧！虽然车被撞了，但是来了一趟修车厂，给咱们毛毛长了不少见识，也算值了！”

“哈哈……”毛毛开心地笑了。

活　动

我国长期推广的垃圾分类，也和汽车回收一个目的，便于资源回收再利用和高效处理。你认识垃圾箱上的分类标识吗？下面这些垃圾该放到哪个垃圾箱里呢？

↑垃圾分类桶

↑不同的垃圾

12　汽车生产线

又经过了一天的旅程，毛毛一家终于来到了汽车城。

他们住进了汽车旅店——真正住在汽车里哦！汽车旅店的房间由房车改造而成，和普通旅馆一样功能齐全！毛毛放下自己的行李，赶紧占据了一张小床，躺上去伸伸懒腰，再打几个滚儿，感受一下和普通旅店的不同。

“嗯，真不错，一抬头就能看到汽车顶，好像睡在车里似的！”毛毛满意地发表着自己的看法。

“这算什么，有趣的还多着呢。据说汽车城的汽车餐厅更有特色，今晚咱们就到那里吃饭，看看到底特别在哪里。”妈妈开心地将她知道的信息抖了出来，希望引起毛毛和爸爸的注意。果然，两个人都开心不已，对这一餐十分期待。

和毛毛想的不太一样，汽车主题餐厅并不是在一个巨大的汽车里，而是餐厅里边的餐桌、餐椅等设施都是由汽车部件改造的，四处挂满汽车的海报和与汽车相关的挂件、饰品等。菜单也很奇妙，宫爆悍马、面的过河、越野者、凉拌国产车、违章停车，不看下面的注释，都不知道是什么东西。毛毛嘴里吃着，

眼睛可是不停地四处扫描。嘿嘿，在这种环境里吃饭，感觉还真是很奇妙啊！

吃过晚饭，爸爸妈妈拗不过毛毛，又来到汽车游乐场。游乐场里到处都是“汽车”，天上飞的、地上跑的、在圆盘上转圈儿的、河里冲浪的，毛毛开心极了，恨不得每一样都玩一遍。

已经很晚了，可毛毛意犹未尽，还不想走。“毛毛，你知道汽车城里哪儿最值得去吗？”爸爸将眼睛眯成了一条缝儿，一副很向往的样子。

“是汽车工厂！明天去汽车工厂吗？太好了！”毛毛兴奋地跳了起来。“那

汽车整车生产流水线

流水线是工业化生产方式之一，即将生产工艺按流程分为若干环节，每个生产单位对应一个环节的工作，各环节之间往往通过皮带等传动装置传递零件或半成品。流水线生产能够提高工作效率、产量和质量。

现代汽车整车生产实行流水化作业，一条汽车生产线主要包括冲压、焊接、涂装、总装四个过程。

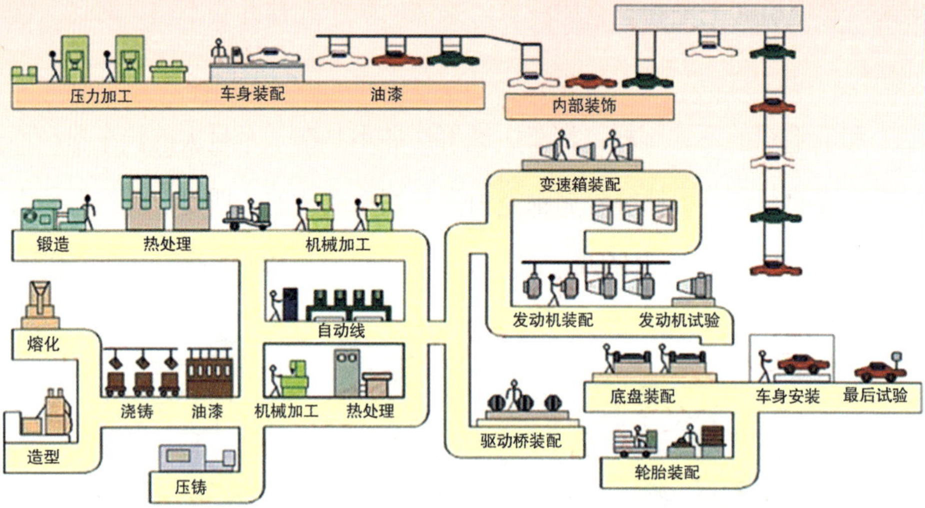

↑汽车生产流水线示意图

活　动

对照汽车生产线示意图，用箭头标出一辆汽车的诞生过程。还可以尝试补充图中没有包含的其他生产过程。

就赶紧回去睡觉，要不明天没有精神了。”妈妈赶紧催促道。

参观汽车生产工厂是汽车城里最有特色的活动之一。人们可以参观最先进的汽车生产流水线，可以看到汽车生产的全过程。这可是毛毛朝思暮想的！

“好嘞！”带着对汽车工厂的浓浓期待，毛毛回到旅馆，很快进入了梦乡……

第二天一大早，毛毛一家就来到汽车工厂。电瓶车载着大伙穿过一个很大的广场后，又七拐八拐地转了好几个弯，终于在一片巨大的厂房前停下，据说这里是小轿车的生产线。一个工作人员向大家介绍了参观顺序及注意事项后，带大家来到了服装间，他让每个人都穿上防尘服，戴上手套、套上头套和鞋套。全副武装后，一群对汽车生产充满兴趣的参观者跟随工作人员的脚步，进入了这个神秘的地方。

首先到的是冲压车间。在这里，毛毛看到钢板像卫生纸一样，一卷一卷整齐地堆放着。工人们先将它们裁成大小不同的板材，

←冲压车间

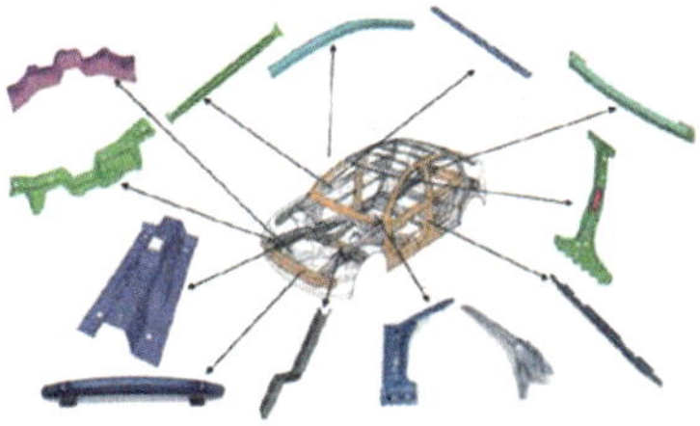

车身的冲压件→

冲压工艺

冲压是用冲压机将厚度在1.0～1.2mm不等的车用钢板，在不破坏胚料的条件下发生塑性变形，压制成车身上的各种部件。

冲压前先将板材冲压切割成部件的外轮廓形状，包括落料、冲孔、切断、切边等，然后再冲压成所要求的成品形状，包括拉弯、卷边、拉延、翻边、缩口、胀形等。许多部件需要2～5次冲压才能成型。汽车车身的覆盖件和主要骨架都是通过冲压生产的。

活　动

家中很多日常用品也是冲压成型的，你知道它们是哪些吗？选一选。

□铝盆　□木盆　□托盘　□塑料盆　□洗手池　□电水壶　□玻璃杯

接着由机械手将裁好的板材放入冲压模具完成冲压后，钢板就变成了汽车部件需要的形状。

“知道吗？制作一个这样的车门，仅仅需要几十秒的时间哦！”工作人员向大家介绍道。

“好厉害！”“太神奇了！”人群中不时传出感叹。

毛毛的眼睛都亮了起来，真的好快呀！要是能亲手操作一下机器，制作个车门就好了。

接着，大家来到焊装车间。偌大一个车间看不到几个人，只见一排排机器挥舞着“手臂”，时而向下，时而向上，旋转着不可思议的角度，在汽车部件间忙碌着。那些冲压出来的汽车部件就被一个个焊接起来。

“猜猜看，这是什么部位？”工作人员指着一个小机器人工作的区域向大家提问到。

“是车窗吧？”

焊接工艺

焊接是将各种车身冲压部件焊接起来，形成一个完整的车身。轿车的工艺一般按车身、车门和车身附件三大部分分别焊接。

焊接工艺一般有点焊和激光焊。点焊是以点的形式来连接两块部件，就像系纽扣。激光焊接是以线的形式将两块部件进行无缝连接，所以俗称拉“拉链”。

↑点焊

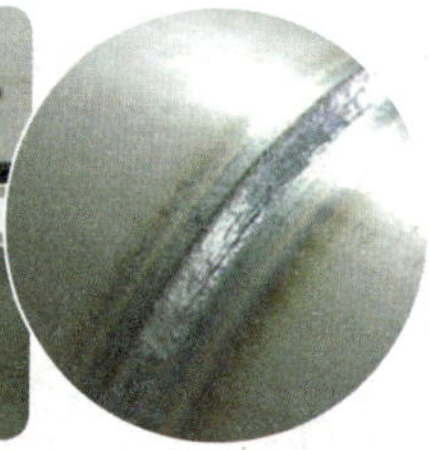
↑激光焊接效果图

↑自动化激光焊

↑焊接好的车门框

活 动

准备好胶水、纸张。将两张纸对折后，模仿点焊、激光焊的方式，用胶水粘贴到一起，晾干后，扯一扯，看看哪种更结实？

“我猜是后备厢部分。”

“不对，不对，我觉得是车门的框！”毛毛兴奋地喊出答案。

“没错，是车门框。这位小朋友观察得很仔细。”工作人员向毛毛投来赞许的目光，这让毛毛很骄傲。

就在谈话的功夫，一个车门框焊接好了，传送带很快将它送到下一个组装区域。

在一个最大的平台上，四五只机械手通力合作，共同焊接着一个车身。

毛毛再也忍不住了，向工作人员询问道:“没有工人在旁边看着，这些机器人能准确完成焊接吗？万一不小心漏掉哪里不就糟糕了？”

“别担心，这些机器人的程序都是经过严格设定的，就连承载车身的轨道都是严格配合机械手工作的，可以说是严丝合缝。”工作人员介绍道。

“而且，我们还有另一道程序保障质量。你们看！”顺着工作人员手指的方向，大家看到焊

↑超声波焊缝检测仪

焊接质量检验

焊接是车身牢固与否的关键环节，因此必须对焊接质量详细检测，检查方法有目视检测、射线照相检测、超声波检测、磁粉检测、渗透检测、涡流检测等。

超声波检测是一种新型的检测手段，具有无损伤、范围广、精度高、成本低、速度快等优点。检测结果通过视觉传感器直观呈现，质量出现缺陷的部件会被及时报警、发现，并放回返修区。

活　动

汽车安全不安全车架说了算。除了车架的安全性，一般汽车还设计有：前后防撞横梁、侧防撞梁、车门结构、空气气囊、安全带、儿童安全座椅等安全防护设施。你知道什么是ABS系统吗？它有什么作用？

装流水线的一个端口有几个叔叔在忙碌着呢，他们一边看、一边摸，还不时交流着什么。

“咦？他们在干什么呀？”毛毛不禁问道。

“他们在检查车身焊装得好不好呢。”工作人员热情地介绍着。

“当然，仅靠眼睛看还是不够的，我们还需要用超声波检测焊点的质量。你看，就像这样。”工作人员指着另一个工作台，那里正进行的是超声波检测焊接工作。

“嗯，我明白了，检测让焊接工作有了质量保障，如果真没有焊接好，就可以挑出来重新焊接，对吧？”毛毛瞬间放心了，汽车的质量可不是闹着玩儿的，那可是关系到千万人的生命啊，一定要谨慎！

爸爸最喜欢毛毛这种认真负责的态度了，悄悄给儿子竖了个大拇指。

接下来，大家来到涂装车间。涂装车间对灰尘控制非常严格，工作人员提醒大家戴上口罩，更换鞋套之后，才带着大家进入车间里面。即使这样，大家也只是走在隔离出的透明通道里。

妈妈的汽车是银白色的、爸爸的汽车是黑色的，毛毛很想知道这些色彩是怎样喷涂上去的，所以看得格外仔细。

在一个很大的池子边，毛毛看到整个车身被放入液体里，仿佛在洗澡。毛毛很好奇，忍不住向工作人员请教：“汽车车身框架为什么要洗澡？”

“这是电泳，起保护作用的，一般在喷漆前完成。”工作人员耐心地解释着。

“给汽车喷漆可是很复杂的，大家要仔细观看哦。”

在工作人员的提醒下，参观的人群瞬间安静下来，不再议论，一个个都伸长脖子透着玻璃墙观看喷漆的全过程。

“咦？怎么没有工人呢？”毛毛又忍不住发问。

“油漆对人的身体有一定的危害，现在基本不用人工喷漆，都用机器人了。

它们可是很强大哦！”工作人员自豪地向大家介绍了机器人涂漆的好处，听得大家赞叹不已。

当车身们穿着靓丽多彩、纤尘不染的服装出来后，就会被送到最重要的地方——总装车间。这里才是汽车的诞生地。

涂装工艺

涂装的目的是防止车身锈蚀，并有靓丽外表。

涂装工艺分两个阶段。先是金属的表面处理，包括除油、除锈、磷化、钝化、电泳等，核心环节是电泳防锈处理。

经过表面缺陷检查后，进行喷漆涂装。普通轿车的涂装工序可达12道之多。由于油漆含有大量有毒物质，而且人工喷漆效率低、浪费大，因此多由机器人完成。

↑表面清理车间

↑电泳

↑机器人喷涂油漆

喷漆机器人主要由机器人本体、计算机和相应的控制系统组成，机器手臂有较大的运动空间，可做复杂的、灵活的运动，能通过较小的孔伸入工件内部，喷涂其内表面。喷漆机器人的使用可以减少三四成的喷枪数量，速度非常快，还能减少能源消耗，减少对人的健康危害。

↑人工喷漆操作专用防护服

活　动

油漆中的苯和挥发性有机化合物是世界医学界公认的可致癌物质。儿童的呼吸量按体重比成人高50%。遇到油漆粉刷的时候，你该怎么办呢？

□迅速离开　□戴上口罩　□养殖绿植　□开窗换气　□报告老师

“总装是汽车生产最为重要的环节。一些小型汽车生产厂家只要有总装流水线就能完成汽车组装，生产汽车。”工作人员一边说，一边向远处指去。

远远地，毛毛看到一条长长的被称为总装流水线的轨道，据说汽车就是在这样的轨道上完成最终组装的。

和前面参观的车间不同，毛毛发现这里的工人很多，几乎每隔一段距离就有几个工人在把守，似乎每个人都有不同的工作。

在流水线的末端，一辆辆组装好的汽车被高高地吊起来，慢慢滑送到一个大型的停车场。

当看到一辆辆崭新的汽车从总装流水线上下来，毛毛非常激动！因为工作人员告诉大家，他们参观的这条总装流水线平均 1.7 分钟生产一辆汽车，产量很可观！毛毛粗略地算了一下，假如一天工作 8 小时，一天就能生产 280 多辆汽车，如果一个家庭一辆，那一天就能给 280 多个家庭配上汽车啦。全国有那么多家汽车生产企业，一天能生产多少辆汽车啊！难怪马路上汽车那么多！

汽车总装

总装是将发动机、悬挂、排气、油箱管路、电路、制动系统等总成与汽车底座、车身、内饰等安装在一起，形成一部完整的可驾驶的车辆的过程。

汽车安装好之后，还要进行一系列检测试验，才可以出厂。这些试验包括了滚筒模拟试验、防漏试验以及路试等项目，测试引擎、传动系统、操纵杆、刹车、灯光及车体测漏等性能是否达到生产标准。

↑ 总装生产线

活　动

请尝试用汽车模型组装一辆四驱车，体验一下汽车总装过程。

13 强劲动力

整条流水线带给毛毛很多震撼，也让毛毛更清晰地了解了汽车的生产过程。离开总装车间后，工作人员又带着大家来到了一个实验室，据说这里是专门进行发动机性能测试和研究的部门。

毛毛看到工人正在搬运发动机，就问:“叔叔，这些发动机也是这儿生产的吗？”

工作人员微笑着说:“我们这里不生产发动机，这些发动机是从制造发动机的工厂购买的。”

“为什么不自己生产呢？”毛毛忍不住追问。

“发动机是汽车的重要部件，它的好坏直接影响着汽车的品质，必须由一些专业生产发动机的厂商来生产，这样才能保证发动机的质量。”工作人员说，“咱们参观的这条生产线主要是外形、配件和整车组装，像发动机、变速箱、轮胎等重要部件都是购买的。所以，为了确保发动机性能与汽车相匹配才有了这样的实验室。在这里，大家将会有不同的收获哦！”工作人员很认真地跟大家介绍道。

还真是期待呢，毛毛和大家都拭目以待。

在发动机陈列厅，毛毛看到了很多不同的发动机，有的很大，有的却很小，旁边的说明书上明确地写着它们的产地、性能和其他信息。

毛毛看到很多发动机的介绍上都说使用汽油做燃料，忍不住问道:“这

汽车发动机的发展史

汽车发动机是产生动力的装置，是汽车的心脏，最早诞生在英国，经历了外燃机到内燃机两个发展阶段。外燃机的燃料在发动机外部燃烧，典型代表是斯特林外燃机。内燃机的燃料在发动机内部燃烧，最初是煤气，后来柴油、汽油最为普遍。

汽车发动机的设计者们不断将最新科技与发动机融为一体，把发动机变成一个复杂的机电一体化产品。当代发动机的性能更加注重能源消耗、尾气排放、环境保护等方面，又诞生了混合动力发动机等。燃气发动机、燃料发动机、氢发动机等新能源动力也陆续出现。

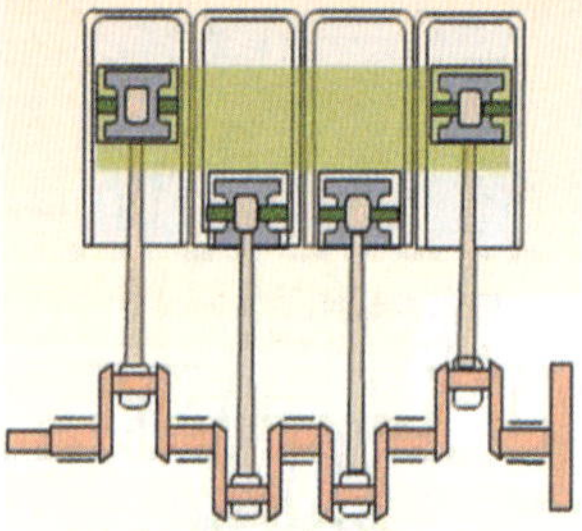

↑往复活塞式内燃机示意图

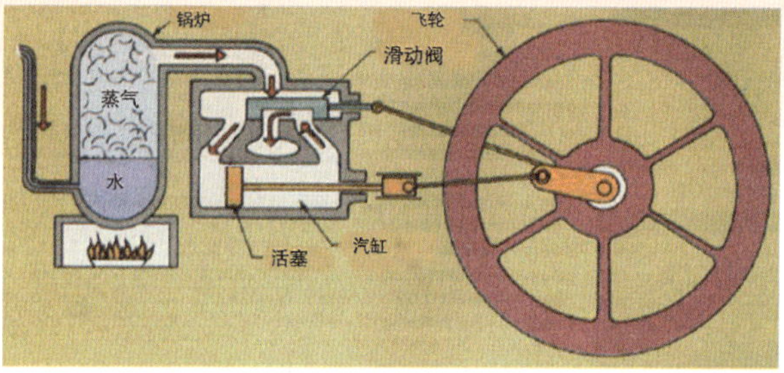

↑斯特林外燃机示意图

↑老式柴油发动机

↑汽油发动机

↑油电混合动力发动机

活　动

调查一下，国内外汽车发动机生产商主要有哪些？挑选一两家，调查一下产品性能特点。

些发动机只能使用汽油吗？如果换成别的燃料能使用吗？”

“不可以。发动机在设计时就已经设定好了使用的燃料，不同燃料的发动机在结构上也略有不同。如果换成别的燃料，发动机就无法工作，甚至报废了。”工作人员赶紧解释道。

“你看，这是柴油发动机，这是油电混合发动机，这是最早的蒸汽发动机。”顺着工作人员手指的方向，毛毛看到了一些其他燃料的发动机，也是大小不一，形状各异。早期的不同燃料的发动机特征明显，外观相

四冲程发动机的工作原理

现代常见的汽油机、柴油机和气体燃料发动机都属于往复活塞式发动机，活塞往复循环包括 4 个行程，即进气、压缩、做功、排气，所以称为四冲程发动机。

汽油机工作时，进气行程吸入空气和雾化汽油到气缸中；压缩行程则将气缸内的可燃混合气体压缩升温，最高可达 400℃；压缩行程将要结束时，火花塞发出电火花，混合气体发生爆燃，燃烧温度可达 2500℃，气缸中压力急剧增大，推动活塞做功；做功行程结束时，气缸排气阀打开，将气缸中的废气排出，准备进气行程。由此完成一个工作循环。

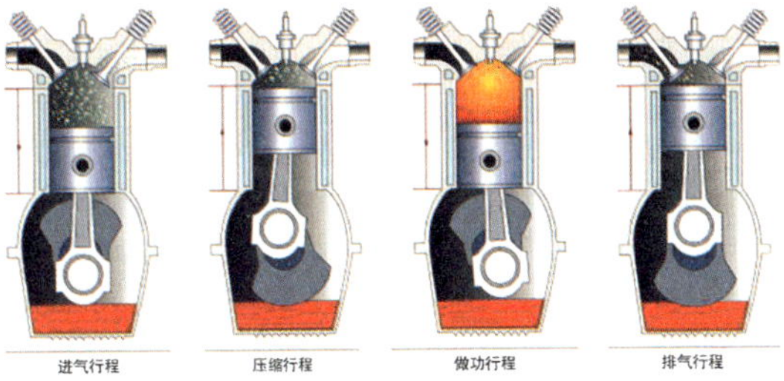

↑四冲程发动机工作原理示意图

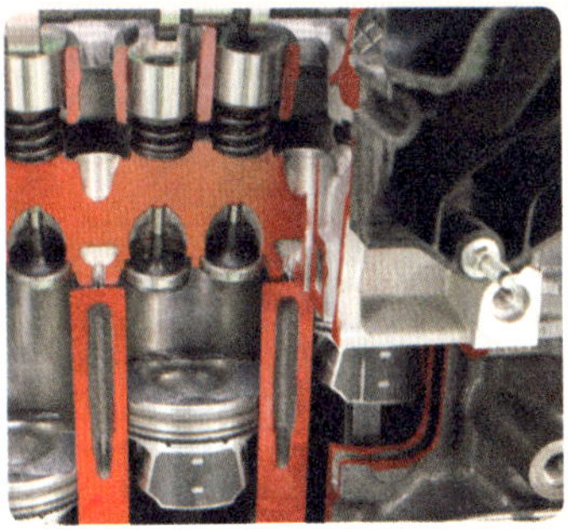

↑气缸剖面图

活　动

详细叙述四冲程发动机的工作过程。查找资料，比较汽油机和柴油机工作过程的异同。

差很大，但现代的发动机从外观是看不出用什么燃料了。

有一款很特别的发动机，就是那款蒸汽发动机了，据说是在汽车诞生初期使用的，非常古老。展厅的工作人员向大家演示了一下这个发动机工作的整个过程：一阵剧烈的抖动后，“滋滋滋”，从发动机的一个喷气口冒出了串串白烟，有点儿像过去的火车或者轮船上冒出的烟雾。毛毛的脑海里突然冒出了汽车在马路上一边行驶一边冒

内燃机的种类

内燃机的种类非常多，有多种分类方式。按燃料可分为汽油机、柴油机、燃气机等；按工作行程可分为二行程机和四行程机，四行程机居多；按冷却方式可分为水冷式和风冷式，水冷式居多；按气缸排列方式可分为直列式、V型和对置式；按进气系统是否增压可分为自然吸气式和强制进气式，常说的涡轮增压发动机就属于强制进气式；按气缸数目可分为单缸、双缸、三缸、四缸、五缸、六缸、八缸、十二缸等，四、六、八缸居多。因此，发动机气缸的容积越大、数量越多，汽车的排量就越大。

↑水平对置式活塞布局

↑ V 型六缸活塞布局

↑ V 型六缸发动机

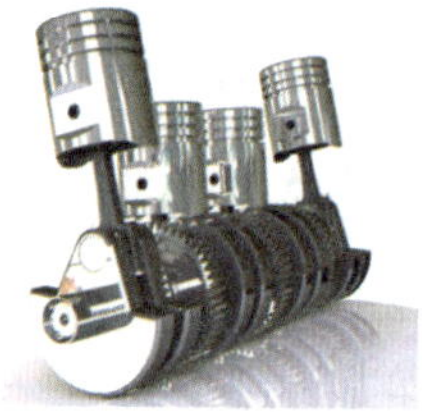

↑直列式四缸活塞布局

↑直列式四缸发动机

↑直列式六缸发动机

活动

你知道下图中的“T”和“L”代表的意思吗？查找相关资料，对比一下涡轮增压发动机和自然吸气发动机的优缺点。想一想，使用涡轮增压发动机有助于减少排放污染吗？

白烟的情景，还真是有趣。

接着，大家被带入一个黑暗的小屋子，观看发动机的发展史纪录片。影片结束了，毛毛却有了一堆问题，拉着工作人员问个不停："现在的发动机大多数是内燃机，大多是四冲程发动机，四冲程是什么意思？"

工作人员刚解释完，毛毛立即问道："那双缸、四缸、八缸又是怎么回事？"工作人员笑着说："这是指气缸的数量，代表着汽车的动力水平。一般家用小轿车都是四缸的。你真是个勤学好问的小朋友，如果想要了解更多更详细的信息，可以在这台资源电子屏上查找一下。"

"真的？太好了！"毛毛高兴极了，赶紧走到电子屏幕面前，搜索起来。

毛毛先快速浏览了一下汽车发动机的发展历史，然后重点查看了内燃机的相关介绍。嘿！电子屏的资源库中关于内燃机的介绍还真不少，不仅有文字还有图画，甚至还有动画演示。毛毛点击播放了四冲程发动机的工作过程，不禁自言自语道："还是这个更直观。刚才听解说好像听懂了，可实际不太一样，个别地方还想错了。"

毛毛看得很投入，手指不时在屏幕上指指点点，可是慢慢地，毛毛又有了疑问：先进的发动机燃料使用效率越来越高，但气缸越来越多，虽然汽车的动力更强，但是排量越大，污染随之也会越大。这显然与现在人们倡导的环保生活背道而驰。怎么能让发动机动力强劲又没有污染呢？

内心的小问号越来越强烈，毛毛再也看不下去了，他跑去寻找工作人员，希望能得到满意的答案。

工作人员和一群人正围着一个特制的透明发动机模型说着什么。大家好像很兴奋，一些人甚至争论起来，爸爸也在这些人的行列中，和大家讨论得面红耳赤。

毛毛好奇地走过去，钻进人群想看个究竟。只见这款发动机模型前面的介绍上写着：什么都能烧的发动机！

“什么都能烧，这可能吗？刚刚工作人员不是说发动机在设计时就已经设定好了使用的燃料了吗？如果用错了燃料甚至会造成损害。这台发动机怎么能用任何燃料？”毛毛有些糊涂了。

这时，爸爸过来拉着毛毛兴奋地说：“快看，这是新研制出来的涡轮蒸汽外燃机，它可是什么都能烧哦！”

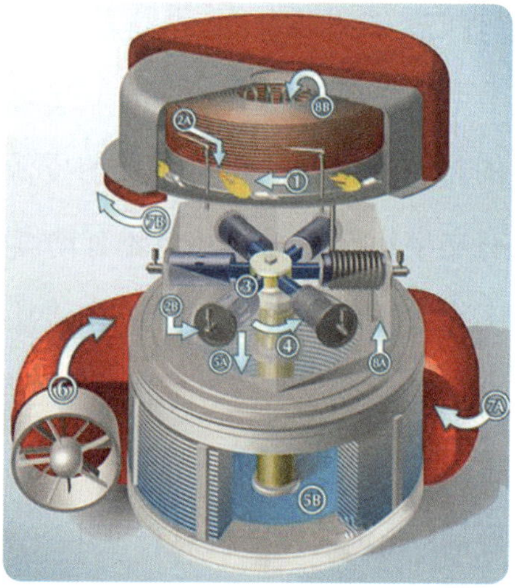

↑涡轮蒸汽外燃机结构示意图

1. 燃烧室 2A. 加热线圈 2B. 高压水蒸气入口 3. 活塞 4. 转轴 5A. 水蒸气出口 5B. 冷凝室 6. 吹风机（冷却）7A 和 7B. 空气通道（在通道中被加热）8A 和 8B. 与高压水泵相连的水管

涡轮蒸汽外燃发动机

涡轮蒸汽外燃发动机，英文全称“Rankine Cycle heat regenerative external combustion engine”，意思是蒸汽热回收外燃烧发动机。它不像内燃机在燃料燃烧后直接推动活塞做功，而是通过燃料燃烧加热水产生高压水蒸气，再用水蒸气推动活塞做功。由于燃料是专门的燃烧室而不是气缸内燃烧，所以称为“外燃机”。

据研发者称，这个发动机几乎可以使用所有可燃液体做燃料，尾气中的氮氧化物也显著减少，重复利用尾气热能减少热损耗、不用机油润滑、没有巨大噪音、不用变速箱等，可以大大简化汽车的驱动系统。

活　动

搜索相关资料，对照上图，说说涡轮蒸汽外燃机的工作过程，想想它的哪些设计符合节能、环保理念？

汽车的驱动方式

汽车驱动方式一般分两轮驱动和四轮驱动，直接由发动机驱动的车轮称为驱动轮。汽车驱动方式对汽车性能、外形、尺寸、重量、载荷分配、制造成本及维修保养等都有重要影响。

一般的家用小汽车都是两轮驱动，而且以前置后驱最为常见，即发动机在汽车前部引擎盖下，后轮为驱动轮，前轮负责转向。

↑第一辆汽车“卡布奥雷”

↑寻血猎犬

四轮驱动系统又称全轮驱动系统，是指汽车前后轮都有动力。四轮驱动车能适应各种路况，有效防止打滑，更好发挥轮胎牵引力和转向力，有更高的稳定性和安全性，常标有 4×4 或 4WD 字样，常见于越野车、赛车、高档轿车和豪华跑车。

↑赛车

↑越野车

↑四驱车工作原理

活 动

准备 3 辆玩具四驱车，拆掉其中的一些部件，试想一下，四驱车在赛道上奔跑情况。想一想：不同的电动发动机安放在同一辆四驱车上，它的速度一样吗？还有什么因素会影响车辆的速度和稳定性？

“不会吧？难道燃气、木柴、煤也能烧吗？”毛毛更加困惑了。

“当然不是，这里的什么都能烧是指任何可燃液体，甚至是汽车更换下来的废弃机油，真正的环保设计！”爸爸的两眼放着光，仿佛这台发动机就是他设计的似的。

“来，儿子，爸爸给你详细介绍，我已经完全明白它的好处了。”作为汽车机械师的爸爸，最大的愿望是能生产出真正环保的汽车，今天的参观无疑给了他更多的希望。

最后，大家一起来到了操作区，这是汽车工厂参观行程的最后一站了。

工作人员向大家介绍：“这里是速度体验馆，专门让大家体验车速变化及影响因素的。1769 年，法国人居纽制造了第一辆三轮汽车，用蒸汽驱动，名字叫‘卡布奥雷’，时速不到 5 千米。而 2012 年英国工程师设计制造的‘寻血猎犬’，预计最高时速可达 1600 千米。在操作台上有很多汽车模型，这些模型基本都组装好了，有两轮驱动的，也有四轮驱动的，你可以安装上不同型号的发动机，到模拟实验区域试一试，感受一下发动机、驱动模式以及速度的关系。”

“祝大家活动愉快！”随着工作人员的祝福声结束，人们迅速围向操作台。有人想知道不同发动机的速度差异，就选了好几个不同的发动机分别装在同一个车模上；有人想了解同样的发动机在不同车辆上的使用差别，就选了几辆形状各异的两轮驱动和四轮驱动的车模；还有的人只想组装四驱车，干脆领取了没有组装好的零散材料到一边操作去了。

毛毛很想自己找寻答案，就和爸爸投入到一项项的试验中……

夕阳西下，在汽车工厂的参观活动也接近尾声了，一群人恋恋不舍地坐上了厂区电瓶车，离开了这充满传奇色彩的汽车世界。

14　回到从前

在吃早饭的时候，一家人听说汽车城里还有一个非常了不起的地方——汽车博物馆，毛毛这个小汽车迷立刻兴奋地跳起来，他使劲地摇着爸爸的胳膊：“爸爸，你赶快带我去参观吧！我可是急得头发都要竖起来了。”说完，他举起双手放在脑袋上，做出了一个“怒发冲冠”的样子。“哈哈……”爸爸被他的怪样子逗乐了，大手一挥，大声说：“那还不简单，毛毛，我们现在就出发，目的地——汽车博物馆。”

一家三口开着车，对照着汽车城的游览图，很快就来到汽车博物馆。这时，一辆毛毛最喜欢的奔驰跑车突然从身边“嗖”地开过，毛毛大声说：“爸爸，瞧，我最喜欢的跑车，外形太炫了。”爸爸不以为然地说：“这有什么好大惊小怪的，一会儿进了汽车博物馆，保证让你看得眼花缭乱。”

来参观的人还真多呢，长长的队伍拐了好几个弯儿，毛毛一家随着队伍慢慢移动，半个小时后才到入口。绕过一块巨大的屏风，大家顿时眼前一亮。哇！里面好宽敞啊，展台上陈列着各种模型。

这时，迎面走来一个漂亮的姐姐，穿着职业装，显得很干练。这个

姐姐手里拿着一个牌子，招呼大家说："您好，欢迎来到汽车博物馆。为了能更好地了解汽车发展史，建议先观看5D动感专题影片，绝对给您身临其境般的感受。"

"姐姐，什么是5D动感影片？"毛毛很好奇。"小朋友，这是博物馆新推出的一项服务，是利用高科技拍摄和制作而成的影片。你观看影片时，就像在现实中体验一样。要想知道更多，体验一下就行啦，保证你不虚此行！"毛毛高兴极了，不由分说拽着爸爸赶紧买票进去。

来到影厅找位子坐下，一会灯光全灭了。毛毛觉得座椅慢慢倒下，他变成了半躺着的姿势。光线从不同的方向射出来，投在四周的墙壁和天花板上——影片开始了。

首先出现的是世界上第一辆蒸汽驱动

汽车之父

1885年10月，德国工程师卡尔·本茨制造了世界第一辆使用内燃机的三轮汽车，奠定了汽车设计基调，于1886年1月29日申请专利，得到世界上第一张汽车专利证书。1886年1月29日也被公认为是现代汽车的诞辰日。同样是1885年，德国另一位工程师戈特利布·戴姆勒造出了世界上第一辆使用内燃机的四轮汽车。

本茨和戴姆勒是公认的以内燃机为动力的现代汽车的发明者，他们的发明成为汽车发展史上的里程碑，因此被尊称为汽车之父。德国的戴姆勒·奔驰公司就是以他们两人的名字命名的。

↑世界第一辆三轮汽车

←卡尔·本茨

戈特利布·戴姆勒↑

↑世界第一辆四轮汽车

的三轮汽车，毛毛昨天参观发动机时就知道了。只见这辆汽车喷着白烟，发出“滋滋滋”的声响，在还算平整的泥土路上慢慢爬，像蜗牛一样。毛毛感觉自己就坐在车上，身体随着汽车剧烈的颤抖不停抖动，车喷出来的白气冲在脸上，热乎乎、湿润润的。毛毛忍不住大声叫起来，赶紧用手去擦脸，耳边响起一片叫嚷声，但很快就安静了——影片实在是太具吸引力、太刺激了，大家都深陷其中，无暇顾及旁人。

接着，毛毛感觉坐到了另一辆车上——它有三对六个车轮，一对比一对大，车厢也比较大，有点像马车，后面竖着几个烟囱。这辆车明显比前一辆快，噪音也小一些，感觉更稳当。

紧接着又是一辆三轮车，据说这是世界上公认的第一辆汽车，由卡尔·本茨发明的。毛毛认为，这辆车简直不能称之为汽车，因为只有一个驾驶位，没法坐第二个人，太简陋了。

接下来坐的是世界上第一辆四轮汽车，分前后两排座位，很像古老的马车，只是前面没有了架马的车辕。这辆车比前面的三轮汽车坐下去感觉要舒服多了，不过速度并不快。

很快，汽车摆脱了马车的原始形态，有了像盒子一样的车厢，造型

活　动

据史料记载，在公元前 2000 多年的夏初大禹时代，有一个叫奚仲的人，他发明的车由两个车轮架起车轴，车轴固定在带辕的车架上，车架附有车厢，用来盛放货物。这就是人类历史上的第一辆车。你认识下面的车吗？写出它们的名称和年代。

款式越来越丰富了。

亨利·福特被称为美国汽车之父，也是美国福特汽车公司创始人。1903年，福特公司成立并推出一款汽车，因为车头部分被设计成了一个倾斜的斜面，侧面看很像大写的英文字母“A”，又因为这是福特公司的第一款车，所以称为“A”型车。几年后，“T”型车和箱型车又被研制出来，并运用流水线实现了批量生产。据说，仅“T”型车就生产销售了1500多万辆，创造了历史之最，而且价格非常低廉，最低才卖290美元。

毛毛还没来得及好好感受一下“T”型车，已经坐进了一辆造型别致

汽车车型的演变

早期的汽车大多是将蒸汽发动机或内燃机装在马车上，因此，被称为马车型汽车，接着出现了更加小巧、操控性能更好的A型车和T型车。因为马车型汽车很难抵挡风雨的侵袭，所以福特公司推出带车厢的新款T型汽车，被称为“箱型汽车”。

↑1903年福特A型车

↑1917年福特T型车

↑箱型汽车

1934年美国克莱斯勒公司推出气流牌小客车，采用了流线型的车身外形。汽车前面呈拱形，有利于高速行驶时减少空气阻力，是人类最早利用空气动力学原理设计车身造型的例子。后来德国大众公司设计的甲壳虫型汽车成为同类车之王，这类车也就称为“甲壳虫型”汽车。

↑甲壳虫型汽车

↑船型汽车

1949年，福特公司推出具有历史意义的V8型汽车，改变了以往汽车造型的模式，整个造型很像一只小船，被称为“船型汽车”。

为了克服船型汽车在高速行驶时产生较强的空气涡流，人们把船型车的后窗

的车里。这辆车有圆弧形的车顶，前盖和后备厢盖也都是圆弧形的，很像一只甲壳虫，原来这就是甲壳虫型轿车。

船型汽车、鱼型汽车、楔形汽车一一体验之后，出现了一辆外形非常特别的汽车。

这辆汽车很小巧，车厢呈“心”形，只能容下一个人半躺着坐在里面，正好像毛毛现在坐在影院座椅中的姿势，罩着一个透明的盖子，是用高强度有机合成玻璃纤维制成。这辆车没有方向盘，只是左右两边各有一个操作手柄，驾驶时有点像打游戏机。车轮和常见的也完全不一样。可是，就这么一辆小巧玲珑、像玩具一样的汽车，操控性能却非常好，速度非

玻璃逐渐改为斜背式，很像鱼的脊背，于是被称为“鱼型汽车”。

但是，鱼型汽车存在升力问题，抓地性不好。1963年司蒂倍克·阿本提第一次设计了新型小客车，车身整体向前下方倾斜，车身后部像刀切一样平直，就像一个楔子，因此称为“楔形汽车”。

↑鱼型汽车

↑楔形汽车

↑鱼型＋楔形＋流线型

↑船型＋楔形

↑箱型＋楔形＋流线型

现代汽车的外形设计以实用、时尚、多用途为主要思想，多综合运用多种经典造型。

活　动

汽车造型设计不仅考虑美观，良好的设计能使汽车性能得以提高。拿起笔来设计你心中最美的汽车造型吧。

常快，非常平稳，毛毛感觉道路两旁的树木和建筑物在飞速倒退。一路上超越或被超越的汽车，也都是各种奇形怪状的造型，但是，唉，怎么说呢，实在是奇妙啊，赏心悦目。毛毛好像来到了科幻电影中的未来世界，自己也是个未来人——啊，这不就是在放电影吗，只是不知道什么时候能实现！

就这样，毛毛迅速地进出各种不同形状的汽车中，感受不同汽车的空间、动力、时代背景，好像在不同的时空中穿越，已经完全入迷了。虽然他一直是个汽车迷，但是从来没有如此详细地了解过汽车的发展史，况且还是以这样一种方式经历着这样伟大的发展过程，简直是太神奇了。

灯光亮了，好一会才有人起身陆续往外

概念车

概念车可以理解为未来的汽车，是介于设想和现实之间的汽车。概念车一般设计新颖、独特、超前，更加注重低能耗、高环保。

世界上第一辆概念车是1938年由美国通用汽车设计的，但只制作了车体。世界各大汽车公司纷纷研制概念车并展出，一方面是展示研发实力，提升公司形象，另一方面是为推出新品调研市场，或只是表达公司的理想与追求。

↑概念车

活　动

请收集各类型概念车的相关资料，并按一定标准分类，比如设计年份、功能特点、设计公司（或国家）等。分析一下，概念车的设计理念有什么变化？

走。毛毛还沉浸在“时空旅行”中，呆呆地坐在座位上。“毛毛，毛毛，我们该出去了。”妈妈那熟悉的声音打断了毛毛的遐思。

“好，那我们出去吧！”毛毛缓过劲来，一边站起来一边应和着。往外走的时候，还不停地回头四处张望，好像还在疑惑：我刚才是穿越了吗？

可能是刚才电影的冲击力实在是太大了，毛毛对接下来的汽车发展史实物展一直提不起兴趣，走马观花地东瞧瞧、西望望，再也不像昨天参观发动机时那样，恨不得每个说明介绍都读一遍、都记住。爸爸和妈妈见了，连说后悔：“早知道这样，还不如先看展览，再看电影呢。”

前面是中国汽车发展史展区。爸爸觉得这是一个打动毛毛的机会，连忙说：“毛毛，这里是中国汽车史展区，专门介绍了中国汽车的发展过程。我们毛毛立志于中国汽车事业，可不能错过这个展区啊。”

毛毛的活泼劲终于回来了，响亮地回答：“完全正确，我要好好看看。”

中国汽车工业的发展

新中国成立前，中国没有自己的汽车工业。1953 年 7 月，长春第一汽车制造厂开工建设。1956 年 7 月 13 日，中国人自己造出了第一辆汽车——“解放牌”载货汽车。1958 年又试制出“东风牌”小轿车和“红旗牌”高级轿车。第二汽车制造厂和一批配套厂的组建，标志中国的汽车工业上了一个新台阶。改革开放后，中国汽车工业走上与国外企业合作、引进消化国外先进技术的发展道路。1997 年以后，中国自主汽车品牌企业如雨后春笋般陆续冒出，发展壮大，市场份额不断扩大。但是，高端汽车市场还是被国外著名品牌牢牢占据。中国汽车工业任重而道远。

↑第一辆国产“解放牌”货车

↑第一辆国产“东风牌”轿车

和世界第一辆蒸汽三轮汽车比起来，中国的汽车诞生整整迟了近200年；和世界第一辆内燃三轮汽车比起来，也晚了整整70年！这让毛毛很难受。在毛毛的心目中，中国人非常聪明，也很努力，可为什么这么迟才制造出汽车呢？

“爸爸，我们以后会生产出更多、更好的汽车，对吗？”毛毛轻轻地说，语气中难掩沮丧。

“一定会的！不要为历史难过，我们要向前看。你看，现在咱们国家的汽车生产已经很了不起了，未来一定会更出色的！”爸爸语气坚定地说。

“毛毛你看，这里有很多中国的自主品牌车，中国汽车的未来是十分光明的，不要担心。”妈妈也安慰道。

带着对中国汽车未来的期盼，一家人离开了中国展厅，也走出了汽车历史的长河，向博物馆的下一个主题区域进发了。

活动

你能从下面的车标中找出中国的自主品牌吗？除此之外，中国的自主品牌还有哪些？

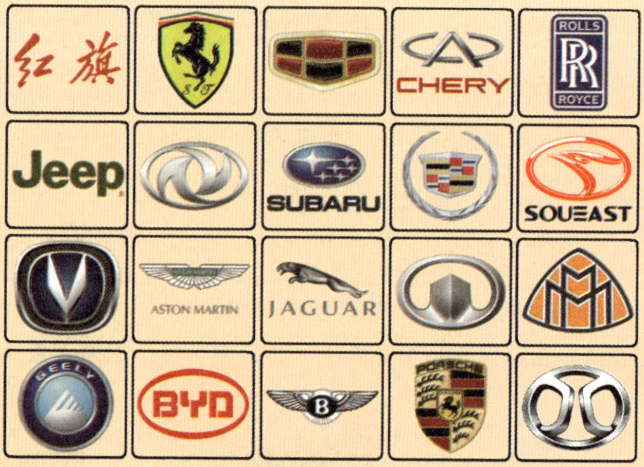

15　1：10的产业

汽车博物馆的经济区并不是小孩子感兴趣的地方，这里更多的是一些对汽车经济感兴趣的大人们。毛毛的爸爸也不例外，只见他一点儿一点儿地看着，还时不时地用手机拍下他认为重要的资料。毛毛和妈妈觉得很无趣，看着看着就不想再跟着爸爸了，两个人决定到边上的长椅上休息一下。

就在这时，一幅巨大的图片吸引了毛毛的眼球，只见一片高楼林立，大大的“破产”二字突兀地映在城市的上空，怎么看都觉得令人窒息。

“爸爸，你快瞧，这幅图片真奇怪！”顺着毛毛的手看过去，爸爸若有所思地说：“噢，这是一则关于‘底特律汽车城破产’的新闻。底特律原来是全球有名的汽车之都，现在变成了‘鬼城’！”

硕大的“破产”以及爸爸口中的“鬼城”深深地激发了毛毛的好奇心。他急切地询问道：“城市也会破产吗？‘鬼城’是怎么一回事儿？爸爸，您就别卖关子了，快给我讲讲吧。”

爸爸慈爱地摸了摸毛毛的头，笑呵呵地说：“说起来真的很悲惨。底特律是世界最大的汽车工业中心，号称‘世界汽车之都’。美国三大汽车

公司——通用、福特和克莱斯勒的大本营曾经都在这里。1950 年底特律人口 180 多万，是美国第 4 大城市。但随着国际汽车工业竞争加剧，以及种族冲突、石油危机、金融危机等因素的影响，美国汽车工业逐渐走下坡路，汽车公司大量裁员，人口外流严重，城市税收减少，入不敷出，负债超过 180 亿美元，终于在 2013 年 7 月申请破产保护。电影《暴力街区》的背景城市就是底特律。”

“哦！我明白了！”听完爸爸的介绍，

汽车产业与社会

自第一辆汽车诞生起，一百多年来，汽车工业从无到有，成为人类文明发展的标志之一，也是现代制造业的主要产业之一。

汽车已经成为人类最重要的交通工具，提供了大量就业机会，创造了巨大的经济价值，它的研制、生产、销售、使用、维修与社会经济发展密切相关。汽车工业和相关的汽车营运、养护、娱乐、销售等行业构成的汽车产业，对经济、能源、交通、科技的发展和社会进步起着重要的推动作用，是发展前景非常好的产业，已经成为很多国家的支柱产业。

虽然汽车也带来了交通事故、环境污染、资源过度消耗等问题，但现代社会中，汽车已经与每个人的工作、生活密不可分。

↓繁忙的汽车制造厂

↑长安街上拥挤的车流

活　动

你的生活哪些方面受到了汽车的影响？你所在的城市又有哪些方面受到汽车工业的影响？

汽车产业与就业

汽车产业关联着 150 多个上下游行业，给社会带来许多就业机会。资料显示，2012 年，日本从事汽车制造、营运、配套材料、销售与维修等行业的就业人口达 547 万人，占全国就业人数的 8.7%。美国和德国的这个比例曾经高达 16%。有关数据显示，我国与汽车相关产业的就业人数已经占到社会就业总人数的 1/6。

2013 年日本汽车相关就业人口

数据来源：日本汽车工业协会网站

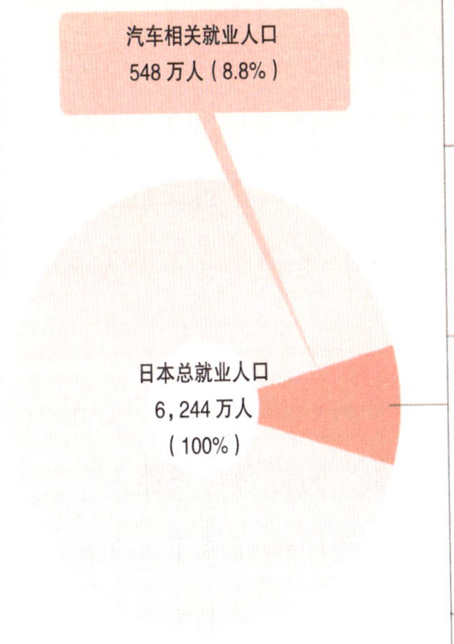

注：全部就业人口为包括日本大地震受灾三县在内的补充推算值。

汽车生产部门……787，000 人

- 汽车制造业（含二轮机动车）……161，000 人
- 汽车零部件及配件制造业……612，000 人
- 汽车车身及挂车制造业……14，000 人

使用部门……2，810，000 人

- 公路货运业……1，793，000 人
- 公路客运业……622，000 人
- 运输配套服务业……351，000 人
- 汽车租赁业……44，000 人

相关部门……408，000 人

- 加油站……394,000 人
- 财产保险……11，000 人
- 汽车回收再利用……3，000 人

物资材料部门……388，000 人

- 机电设备制造业……63，000 人
- 有色金属制造业……13，000 人
- 钢铁业……101,000 人
- 金属制品制造业……36，000 人
- 化学工业（含涂料）、纺织工业、炼油业…17，000 人
- 塑料、橡胶、玻璃……86，000 人
- 电子元器件制造业……37，000 人
- 生产用机械设备制造业……35,000 人

销售与维修部门……1，085，000 人

- 汽车零售业（含摩托车。新车、二手车、汽车构件、配件等）……637，000 人
- 汽车批发业（含摩托车。二手车、二手零部件、汽车构件、配件等）……176，000 人
- 汽车维修业……272，000 人

注：各部门人数百位以下四舍五入。

活 动

请列出与汽车相关的职业或工作岗位。调查你的家人和亲戚等，哪些人从事的职业与汽车相关？

毛毛若有所思。

看到毛毛这样，爸爸觉得很有趣，忍不住问道:“毛毛同学，你明白了什么呀？”

“原来汽车产业对人们生活的影响这么大啊！”毛毛认真地说。

听到毛毛的回答，爸爸赞许地点了点头，又接着问道:“那你能说说看，到底影响有多大呢？”

接了爸爸的话茬，毛毛指着展板上的一条新闻说:“爸爸，比如说吧，这条新闻中说，一位老先生和他的两个儿子都是汽车工人，他们要养活一家 8 口人！可是现在他们失业了，这一家人的生活怎么过啊？！”

爸爸也不由得叹了一口气:“这就是人们的绝望之处啊！汽车工业是底特律汽车工人赖以生存的经济支柱，现在这个经济支柱倒了，以至于人们在这里已经无法生存了，迫不得已才要背井离乡呀！不过，底特律只是一个特例。总的来说，全世界的汽车工业、汽车产业还是在不断发展，为社会提供了大量的就业机会。”

“汽车工人失业”“底特律汽车城破产”的新闻虽然让毛毛的心里感到酸酸的，但也极大地勾起了毛毛对于“汽车产业”的好奇与兴趣。

“爸爸，这真是让人难以置信！汽车工厂的倒闭使许多工人失业，怎么就能导致一座城市破产呢？这里边有什么关系啊？”毛毛惊讶地瞪着眼睛，冲着爸爸说道，一副打破砂锅问到底的架势。

“它们当然有关系啦！”爸爸耐心地跟毛毛解释道，“我们说得具体点儿吧。毛毛，你说汽车的车身是什么做的？”

“那还用问，坚硬的钢铁啊！”毛毛不屑回答这么简单的问题。

“对啊！那如果汽车工厂倒闭了，就不需要造车身了，也就间接地表明，钢铁的需求量减少了，钢铁工厂生产的钢铁就卖不出去了，必然带来工人的需求量减少，一些钢铁工人就也跟着失业了。还有，汽车其他原材料和配件的生产企业也跟着减少生产，减少工人。工人失业了，没有收入就不能消费，甚至迁移到其他地方谋生，因此餐馆吃饭的人少了、娱乐的人少了、逛商场的人少了，餐馆、娱乐场、商场也就跟着倒闭。”

“原来是连锁效应啊！爸爸，你这么一说我就懂了。我也简单打个比方，汽车工厂倒闭了，生产玻璃的工厂也会受到影响的。因为车窗是玻璃做的！”聪明的毛毛一下子明白了其中的道理。

“所以说啊，汽车产业是个 1 ∶ 10 的产业！”爸爸替毛毛总结道。

1 ∶ 10 的产业

汽车工业是汽车产业链条中的核心部分，也就是这个“1”，可以带动钢铁、冶金、橡胶、石化、塑料、玻璃、机械、电子、纺织等相关产业，可以延伸到维修服务业、商业、保险业、交通运输业及路桥建筑等相关行业，可以吸纳各种新技术、新材料、新工艺、新装备，可以提供众多的就业岗位，对一国经济和一地经济能产生巨大的拉动效应，所以说是“1∶10”的产业。也可以换一种说法，汽车工业每增加 1 个百分点的产出，能够带动整个国民经济总体增加 10 个百分点的产出。

钢铁

橡胶

机械

玻璃

电子

纺织

石化

塑料

↑汽车的关联产业

“爸爸，我今天学到了一个新的知识！刚刚您提到的这个 1 ∶ 10 就是说，汽车的生产过程涉及好多其他的行业，它们之间是息息相关的，对吗？”此时，毛毛的小脸红扑扑的，眼睛里闪着激动的光芒，很显然，他迫切想得到爸爸的肯定。

“对的，我的棒儿子！”博学的爸爸不仅爱思考，而且非常的严谨。在听了儿子的话后，很细心地为儿子补充说明道：“汽车产业，不仅在生产过程中涉及好多其他的行业，从生产到销售再到使用，也会涉及许许多多、各方各面的不同行业呢！1 ∶ 10 并不是说，它只涉及 10 个产业。”

“我懂的，爸爸！这里的 10 是虚指，就是说好多的意思。”毛毛调皮地在爸爸面前咬文嚼字。“哈哈，这么一说，汽车行业还真是个庞大的工程呢！不容小觑啊！”毛毛跟爸爸夸张地感慨道，边说还边张开双臂在空中比画了个大大的圆，以示庞大！

经过父子俩的讨论，毛毛对“汽车产业”有了更深层次的了解。他明

活　动

一辆汽车零配件的生产分别对应哪种产业呢？请你想一想，填一填。

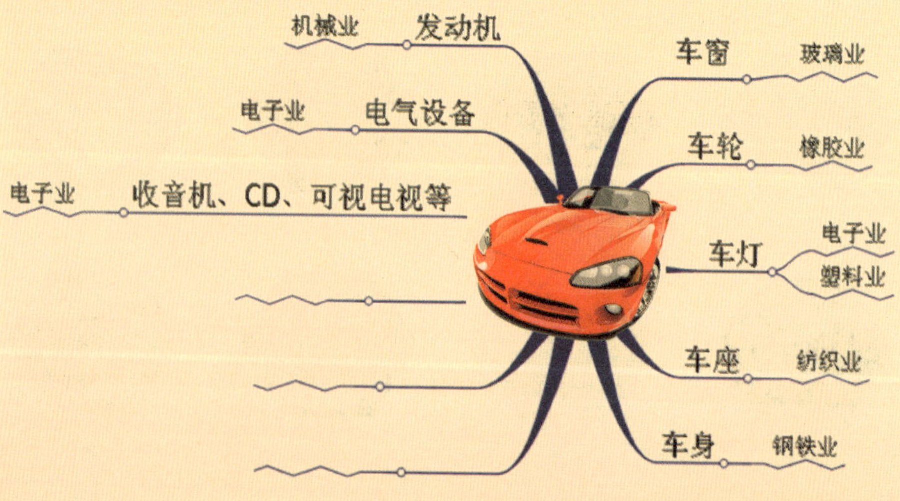

白了汽车产业并不是一个独立的产业。

快要走到展厅出口时，毛毛又看到“汽车全球化生产时代”几个大字，这又是什么意思呢……

还没从全球化生产的概念中走出来，毛毛就被爸爸带到了“汽车模拟销售”

活 动

想一想，全球化生产对中国汽车工业带来了哪些机遇和挑战？还有哪些行业实现了全球化生产？

汽车的全球化生产

汽车工业涉及多个行业，现代汽车制造商自己只生产一小部分关键的零部件，而其他非关键零部件，则委托给其他厂商生产。由于不同国家或地区的原材料成本、人工成本、技术水平不同，为了降低成本，汽车制造商的采购范围遍布全球。

全球化生产能减少汽车制造商的资本投入，缩短产品制造时间，降低生产成本，因此被普遍采用。随着经济的全球化、信息的全球化发展，汽车全球化生产已经升级为生产、销售、采购、研发的整体全球化。

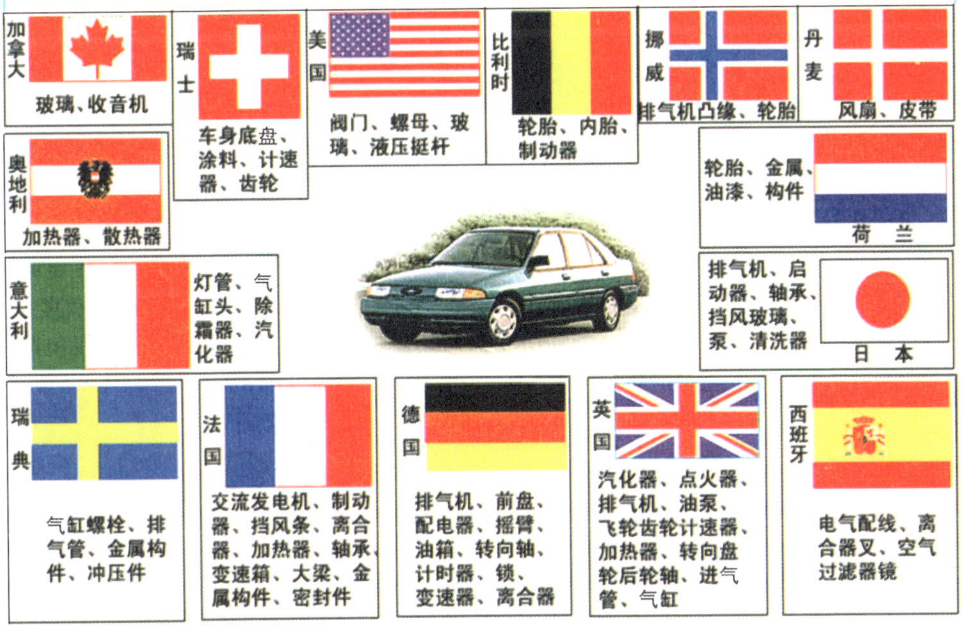

↑汽车全球化生产示意图

实践区，这里有汽车经济展厅中最有趣的活动——模拟销售。

在模拟销售环节，爸爸和毛毛领取了小Q汽车销售的任务。经过一番精心设计与卖力操作，毛毛和爸爸的成绩明显优于其他人，似乎胜利就在眼前了。任务完成后，工作人员给了他们一张成绩单，并告诉他们，在博物馆闭馆前30分钟，工作人员将公布今天参加活动所有顾客的成绩，他们也将知道自己是否获得胜利，能否得到奖品。

还真是令人期待呢！

16 激情飞扬

“毛毛，毛毛，看爸爸给你带回了什么？”爸爸一边举着信封，一边大喊道。

“什么？快给我看看！”毛毛连忙从椅子上跳了下来。

“哇！赛车门票！”

毛毛和爸爸在小Q汽车模拟销售中获得了巨大成功，奖励是两张F1大赛的入场券。对毛毛和爸爸这样的赛车迷来说，这可是最珍贵的礼物了！妈妈主动表示，看F1大赛那天自己正好去逛汽车配饰商城——反正爷俩不感兴趣。

这天，天气晴朗，微风轻拂，非常适合赛车比赛。爸爸带着毛毛在赛场的看台上坐了下来。在F1方程式赛车比赛现场，毛毛看到了崇拜的赛车手汉密尔顿，他可是上一站的冠军！

毛毛欢呼起来：“爸爸，看，汉密尔顿的赛车好炫呀！灰绿相间的车身，强劲的动力，开起来就像一个幽灵在飞舞飘动。”

爸爸笑了笑：“当然啦，这可是世界一级方程式锦标赛的专用车，采用了鲜艳醒目的视觉效果，引擎电子静态点火非常快速，异常坚固的碳纤维蜂窝状复合底盘。这些设备可都是超一流的，凝聚着世界各地方程赛车设计师的

心血呢！”毛毛听了，吃惊地张大了嘴。

毛毛把头转向大屏幕，一排排字幕在不停滚动。毛毛发现，今天来的F1赛车高手真不少啊！有梅赛德斯的罗斯伯格、法拉利车队的莱科宁和维特尔、迈凯轮车队的阿隆索和巴顿、红牛车队的里卡多和科维亚特、威廉姆斯车队的马萨和博塔斯。当然，少不了他的偶像梅赛德斯车队的汉密尔顿。随着正式比赛时间的一步步临近，毛毛的心也随之悬了起来。本站比赛，汉密尔顿能一直保持领先，最终夺冠吗？

观看比赛的人真多啊，所有看台上都满是人，或坐着或站着，赛场主楼的楼顶上也站了不少人。

车手试车调校结束，在暖胎圈过后，比赛即将拉开帷幕！排在发车第1位的是汉密尔顿，去年在此获得冠军，第2位是汉密尔顿的队友罗斯伯格，法拉利队的维特尔居第3，法拉利的另一位冠军车手莱科宁排第6，另外两位

F1 赛事

F1就是Formula One的缩写，F1赛事全称叫世界一级方程式锦标赛(FIA Formula 1 World Championship)，是世界最高水平的赛车比赛，与奥运会、世界杯足球赛并称为“世界三大体育盛事”。2015赛季共有11支车队参赛。

F1比赛用车是特制的，可以在2.5秒内从0加速到100公里/小时，最高时速可以达到400公里，可以在1.9秒内从200公里/小时减速到0。F1赛道是封闭的环形车道，全球大约有20条，其中一条在上海。

F1比赛对车手体魄要求非常高。车手要能承受4～5个G的离心力，还保

↑上海赛道

↑马来西亚雪邦赛道

↑西班牙加泰罗尼亚赛道

世界冠军车手巴顿和阿隆索分别排第 17 位和第 18 位。

当 5 盏发令灯顺次熄灭时，22 辆设计大胆精巧的赛车以风驰电掣的速度向前冲去。起步后汉密尔顿轻松守住领先位置，罗斯伯格排在第 2，法拉利的维特尔排在第 3。两个转弯过后，莱科宁超越博塔斯和马萨排到第 4 名。看台上的观众一阵欢呼，看来，喜欢莱科宁的观众大有人在。阿隆索也顺利超越两人排到第 16 名。大家你追我赶，异常激烈。

7 圈眨眼就过，前 10 名的排序依次是：汉密尔顿、罗斯伯格、维泰尔、莱科宁、马萨、博塔斯、格罗斯让、纳斯尔、马尔多纳多和埃里克森。

第 10 圈，排头的汉密尔顿已领先队友 1 秒，领先维泰尔 4 秒。突然巨大的显示屏跳出一幅画面：一辆赛车失去控制，冲出了赛道，还好在缓冲带上停了下来，没有酿成事故。原来是印度力量队的霍肯伯格，他成了本次比赛中首个退赛的车手。

持头脑冷静；脖颈要能承受 25 千克的重量，支撑头部和头盔稳定；手臂需要承受 30 千克的力量来转动方向盘，确保行驶路线稳定；能承受 50℃ ~ 60℃ 的高温，比赛过程中心跳都在 160 次 / 分以上，一次比赛总耗时 2 小时，身体脂肪和脱水超过 4 千克。

←F1 比赛用车

↑车手汉密尔顿

活　动

毛毛知道的赛车手真不少，你知道哪些？去了解一下这些知名赛车手的故事吧。

另一个引人注目的是红牛二队的年轻赛车手维斯塔潘，这名 1997 年出生的小伙子是年纪最轻的 F1 赛车手。这次他表现非常出色，几圈下来，陆续超越了两辆赛车。

当毛毛看到电子显示屏上出现维斯塔潘在一个弯道再次实现超车时，不禁问道：“爸爸，我发现超车都是在弯道进行的，为什么呢？”

爸爸拍拍毛毛的小脑袋，说：“这是赛车的弯道超车技术。两辆赛车在疾速行驶中马力一致，速度相当，直道怎么超越呢？这时候就要靠弯道了。技术高超的赛车手往往在进入弯道的一瞬间实现反超。维斯塔潘厉害吧！”

“嗯，他可真厉害！”毛毛不禁对维斯塔潘也大大佩服起来。

已经是第 15 圈了。维泰尔进站完成了一停，出站后变成了第 4 位。第 16 圈，

F1 比赛的发车顺序

F1 比赛分排位赛和正赛，正赛的发车次序根据排位赛的名次确定。排位赛共分为三个阶段，第一阶段 15 分钟淘汰最后 6 名车手，即第 17 名至第 22 名的车手；余下的 16 位车手参加第二阶段 15 分钟比赛，再淘汰最后 6 名车手，即第 11 名至第 16 名的车手；最后的 10 名车手参加第三阶段 20 分钟比赛，确定正赛时前 10 位的发车次序。

由于 F1 赛车速度非常快，比赛过程中如果发生轻微碰撞或剐蹭都极度危险，很可能带来车毁人亡的灾难，超车非常不易。因此，排位越靠前，在正赛中越有利。

←准备出发

列队待发↑

活 动

熟悉规则有助于更好地观看比赛。F1 赛事的制度和规则非常复杂，也经常有小幅调整。请搜索资料，更多地了解 F1 比赛的规则。也可以了解其他比赛的规则。

汉密尔顿也进站了。

在一次和小伙伴的交流中，毛毛知道进站是怎么回事。于是，他得意地问爸爸：“爸爸，你知道什么是赛车的进站吗？”

爸爸微笑地反问：“你能给我讲讲吗？”

“当然！”毛毛兴奋地介绍，“晴天的赛程里，车手必须进站更换软硬配方的轮胎各一次。而且更换时间计入比赛时间，所以，他们的团队成员需要既精确，又快捷，才能出色完成任务。”

爸爸认真地点点头：“嗯，说得很专业，看来毛毛真是个合格的赛车迷！”

就在这时，“棒棒糖先生”将“棒棒糖”指示板由‘刹车’换成了‘入档’，汉密尔顿顺利出站，离开维修区了。

比赛已经过半，前10位依次是汉密尔

←弯道超车

↑弯道行驶

弯道超车技术

弯道超车只是在竞技赛车中出现，平常驾驶车在弯道和路口是不允许超车的。但在竞技赛车中，两辆马力几乎一致、又都是高速运动的赛车，在直道上几乎不可能超车，只有在弯道的时候，才是超车的唯一机会。相对于直道而言，弯道行驶困难多，不易控制，但技术高超的车手，能准确把握前车位置、弯道弧度、进出弯道的位置等，抓住时机瞬间实现超越。弯道超车有内侧入弯超车和出弯超车两种方式，是非常高难度的技术。

活动

除了F1赛事，还有一些赛事也会用到弯道超越技术，你知道有哪些吗？可以到网上搜索相关视频，仔细观看超越方式及特点。

顿、罗斯伯格、维泰尔、莱科宁、马萨、博塔斯、马尔多纳多、格罗斯让、维斯塔潘和纳斯尔，阿隆索仍排在第 15 位，而巴顿上升到了第 13 位。

第 30 圈汉密尔顿发威，跑出了 1：43.008 的最快圈速。到第 34 圈，前四位车手再次进站，换上了中性胎，排位没有改变，汉密尔顿领先第 2 位的队友已经 6.2 秒了。比赛剩下最后 10 圈时，前 10 位又变成了汉密尔顿、罗斯伯格、维泰尔、莱科宁、马萨、博塔斯、格罗斯让、维斯塔潘、纳斯尔和里卡多。维斯塔潘真是好样的，现在已经排到了第 8，上升了 5 个位置，实在是太不

赛车的进站维修

虽然车手最出风头，但 F1 毕竟还是一个团队的比赛。精确的时间掌控，换胎、加油、维修越迅速，就越有机会赢得比赛。

F1 赛车进站需要大概 22 人的团队，赛车每次停站，工作人员参与的工作包括：12 个人负责换轮胎，3 个人负责加油，1 人操作前千斤顶，1 人操作后千斤顶，1 人负责调整前鼻翼，1 人检查引擎，必要时补充高压空气，1 人擦拭车手头盔，1 人持灭火器待命，还有 1 人称为“棒棒糖先生”，持写有“刹车”和“入档”的指示板，负责指挥。这项人数众多的复杂工作，目前仅用 2 秒多就能完成。

加油→

←停站

↑ F1 赛车的轮胎

活动

上图是 F1 赛车的比赛用胎。请了解一下不同类型的胎各有什么性能特点？比赛中对轮胎的使用有什么规则要求？

容易了。

可是天有不测风云。比赛还剩2圈的时候，维斯塔潘的赛车引擎出了故障，停在了赛道上，怎么也没法重新启动。这时，远处有黄旗不断摆动，比赛安全车出动了，场上随即又出现了白旗。所有赛车都减慢了速度，跟在安全车后面，保持现有的次序。

由于只剩下最后2圈，赛事官方决定在安全车带领下跑完全程及结束比赛。于是，汉密尔顿、罗斯伯格、维泰尔、莱科宁、马萨、博塔斯、格罗斯让、

F1 赛车的旗语

F1 赛事共有10种旗，代表不同的含义。

黄旗：表示前方车道上有障碍物，如散落的零件或故障车。

白旗：表示前方有慢速行驶的车辆，可能是救护车、拖车或安全车。

红旗：表示比赛暂停或提前终止。

蓝旗：表示领先一圈及以上的车准备超车，提醒被超车辆让路。

绿旗：表示赛道上的障碍已清除，比赛恢复正常。

黑旗：与车手号码同时出现，表示该车手被处罚或取消比赛资格。

红黄竖条纹旗：表示前方路面湿滑。

黑白对角旗：与车手号码一起使用，表示车手缺乏体育道德行为。

黑底红圈旗：与车手号码同时出现，表示车手要立即与检修站联系。

黑白方格旗：表示比赛结束了。

↑ F1 赛事的指挥用旗

↑ 出示黑白方格旗

↑ 比赛中裁判出示黄旗

活　动

你还知道哪些比赛用到旗语？什么旗表示什么含义？制作F1赛事用旗，并和同学或朋友模拟演示一下。

纳斯尔、里卡多和埃里克森进入前10。本来在第8名的维斯塔潘只排第21名，因为霍肯伯格提前退赛了。

毛毛虽然为自己的偶像汉密尔顿获得冠军而高兴，但也很为维斯塔潘感到遗憾——超越5位排在第8，本来可以为自己的车队得到积分，却因为引擎故障，掉到了最后！唉，真不容易啊！

爸爸看到毛毛有点闷闷不乐，知道他的心思，便故意问道："你知道F1比赛成绩如何积分的吗？"

"我知道！"毛毛高兴地解说了赛车积分的规则，重新兴奋起来。

"说得很对！"爸爸拍拍他的头，"真棒！"

F1比赛真是紧张又刺激，毛毛耳边还响着强劲引擎发出的巨大轰鸣声，嘴里大呼过瘾。他不禁又想："除了F1，还有哪些汽车比赛呢？有机会也要去现场看看。"

爸爸笑道："你自己回去查阅一下吧！"

F1赛车积分规则

F1赛事每个年度为一个赛季，赛程约有20站，称为分站赛。每次分站赛，前10名车手获得积分，第一名至第十名积分依次是25、18、15、12、10、8、6、4、2、2、1分。前三名为分站赛冠、亚、季军，获得奖杯。

全年比赛结束，评出年度总冠军。年度总冠军分为车手总冠军和车队总冠军。车手总冠军是车手年度分站赛获得的总积分最高；车队总冠军是车队的两名车手的年度总积分之和最高。

活　动

请你用硬纸板、橡皮筋、矿泉水瓶、瓶盖、小木棍等常见物品设计制作一辆橡皮筋动力小车。和同学或朋友做的比比看，谁的小车跑得更快、更远。试一试，怎么调整设计才能让小车跑得更远？

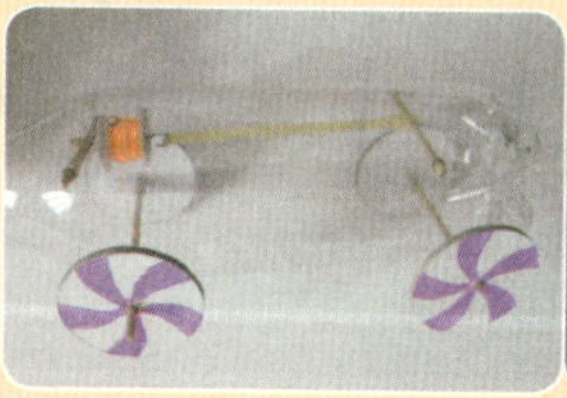

↑自制橡皮筋动力小车

17 第一次尝试

毛毛因为这个假期有自驾游和汽车城之旅，觉得很充实。可快乐的假期总是短暂的，这不，又开学了，毛毛投入到了快乐而忙碌的学习中。

汽车城的一幕幕时常浮现在毛毛的眼前：那古老的戴姆勒汽车、造型可爱的甲壳虫、低调奢华的鱼型车……课余，毛毛把所有的零花钱都用来收集各种汽车模型。

这一天，老师宣布下周一班队课主题：让梦想飞扬，要同学们谈谈自己的理想，请每位同学做好准备。老师刚宣布完，毛毛头脑中蹦出的第一个也是他唯一的理想——成为汽车设计师。

晚上爸爸一进家门，毛毛就迎了上去：“爸爸，老师说下周班队课每个同学都要说说自己的理想。我想好了，我的理想是当一名汽车设计师。”

“不错，宝贝儿子，有志气！欢迎你加入爸爸这一行。”爸爸拍拍毛毛的小脑袋，“这叫子承父业，呵呵……”

毛毛摸摸头说：“爸爸，那快告诉我汽车设计师主要做些什么呢？”

“别急，虽然我是个汽车工程师，但对于汽车设计师的工作，还是了解

一些的。听我慢慢道来——”爸爸拉着毛毛坐到沙发上，向毛毛详细介绍汽车设计的内容。

听了爸爸的介绍后，毛毛决定开始在生活中留意各种独特的汽车设计。

周二是小姨结婚的大喜日子。一放学，爸爸就来接妈妈和毛毛一起去白金酒店参加小姨的婚礼。路上，毛毛看到了一辆白色的小轿车，造型可爱极了，他喊妈妈一起看:“妈妈，快看，那辆车像不像熊猫啊！”妈妈顺着毛毛手指的方向看去:“嗯，还挺像呢，白白的胖乎乎的车身，黑边车灯就像大熊猫的一对黑眼圈。”“太可爱了，要是我也有一辆该多好啊！”毛毛陷入了遐想之中……

“儿子，回神儿。下车了！”妈妈喊着。毛毛一看，真快，白金酒店到了。来到酒店门口，毛毛看到小姨的婚车时吃了一惊。“多漂亮的跑车呀！！”造

汽车设计

汽车设计的内容包括整车总体设计、总成设计和零件设计，涉及工程学、热力学、机械学、材料学、电工学等多个学科的理论和知识。最早是设计师在以往汽车的基础上，不断进行改进，成为经验设计。计算机技术应用于汽车设计后，大大提升了设计效率和效果，使设计工作更加科学，这种方法被称为计算机辅助设计（CAD）。

汽车设计包括制定开发计划、初步设计、技术设计等过程。关键的技术设计环节包括确定汽车造型和确定汽车结构两个方面。步骤如下：

确定汽车造型→绘制 1:1 整车外形效果图→制作 1:1 模型→造型审批→确定汽车结构，最后一步是确定整车、部件（总成）和零件的结构，并全部用图纸表达出来。

↑外形设计

←结构设计

型真是别具一格：那双圆圆的“大眼睛”（车灯）和扁平的“大嘴巴”（车身前部），超动感的流线型车身，都让毛毛这个小车迷着迷。毛毛围着它左瞧瞧，右看看，怎么也看不够。

“它好像一种动物，像……”毛毛自言自语。

“它像青蛙呀。”新郎官小姨父迎了出来，“这是最新款的青蛙跑车”。

“真像，真像青蛙！小姨夫，这车太酷了！”

小姨夫笑笑说：“当然啦，今天青蛙王子要娶最美丽的公主啰。”

小姨的婚礼结束时已经明月高照了。

第二天，毛毛和妈妈起得有点晚了。早高峰的路上，汽车、电动车、自行车川流不息。毛毛不停地催促着：“妈妈，快点，快点，我要迟到了。”真是急人，但越急越有事，前面出车祸堵上了。毛毛和妈妈都目睹了这起车祸的全过程，原来前面的小轿车靠边停车后迅速打开车门，后面的一辆电动车避让不及，撞到了车门上。

电动车倒地，压着骑车伯伯的右腿。骑车的伯伯摔倒在地上呻吟不已：“怎么突然开门呀？哎哟……哎哟……我的腿呀……”

小轿车上的年轻叔叔急忙下车，连声说：“对不起！”他把倒着的电动车搬开，准备扶伯伯起来。那知，伯伯刚动一下腿，就疼得紧皱眉头：“哎哟，不行！右腿疼得厉害！不能动。”看来伯伯是受伤了……

活　动

你自己设计的汽车外形是什么样子的，给它安装几个轮胎？用纸板、塑料片、易拉罐、胶带等材料，把你设计的汽车做成模型吧。

“唉，开车门太不小心了。”妈妈说，“毛毛，你以后开车门时一定要注意旁边有没有车。”

毛毛点点头：“我会注意的。如果这车门不要侧向打开，那位伯伯就不会受伤了。”

妈妈说：“面包车的车门就不是侧向打开的，而是推拉式的。但是小轿车如果也用这样的推拉门，那长度就不够了，只能从前排下车，很不方便。”

这时，毛毛想起了前两天在汽车杂志上看到的一款鸥翼式车门，向上飞起的车门不就没有这样的问题了吗？

周六是爷爷的生日，爸爸准备给爷爷买一部手机，好方便联系。于是，就和毛毛带着爷爷去商场逛一逛。

商场里的手机琳琅满目，毛毛指着一款

汽车设计中的仿生学

仿生学是人类模仿生物功能进行发明创造的科学，如模仿苍蝇的平衡棒，制成振动陀螺仪；模仿青蛙眼睛，发明了电子蛙眼；模仿蝴蝶的色彩，发明了迷彩服；模仿萤火虫的发光，发明了日光灯，等等。汽车设计广泛运用仿生学理念，尤其是车型设计方面，设计师们通过模仿动物和植物的形体，使汽车外观更具视觉冲击力和想象力。

↑汽车的仿生学设计

活　动

看看上面的车或车的局部分别跟下面的哪种动物很相似。你还看到过哪些造型独特的仿生设计汽车？收集一下。

□鳄鱼　□熊　□鲶鱼　□鲨鱼　□鹰　□大熊猫　□蝰蛇　□剑鱼　□蜜蜂

新潮的智能机，对爷爷说："爷爷买这款吧，可以打游戏、听音乐，还可以上网呢。"

爷爷看了看说："我不会游戏，也不懂上网，还是买简单点的吧。"

这时手机导购员走了过来，笑眯眯地说："是爷爷买手机呀。请跟我过来看看老人机。它是专门针对老年人设计的。"

来到了老年手机柜台，毛毛发现老年手机大都是普通的直板形，屏幕不大，但按键很大，上面数字也大。导购员介绍："这些老人机字体和按键数字比普通手机大一倍，方便视力减弱的老年人看清楚。"

爷爷挑了一部，仔细看："这个好，数字看得清清楚楚的，再也不用戴老花镜按号码了。"

爷爷拿着手机，突然想起了什么，问导购员："不知道手机音量怎样？"

"老爷子，老年手机的听筒和喇叭的音量都很大。要不，你试试。"导购员帮忙在手机里装上电话卡，让爸爸在远处给爷爷打电话。

"嘟嘟嘟——"铃声可真大！爷爷接起电话："喂——听得见——声音很大、很清楚——"

放下电话，爷爷立刻就决定买这部让他非常满意的老年手机。

一旁的毛毛好奇地问："姐姐，既然有老年手机，那有儿童手机、女士手机、男士手机吗？"姐姐耐心地回答："都有啊，现在为了满足不同人群的个性化需求，还有大学生手机、商务手机等各类手机呢。"

爱思考的毛毛突发奇想："爸爸，汽车也有老人汽车、儿童汽车等适合不同人群的汽车吗？"

"毛毛，汽车在满足人们不同需求上一直在做，可能暂时做得还没有那么细致、那么好。但我相信以后这样的个性化汽车会越来越多的。"

经过一周时间的资料收集和思考，毛毛对自己的汽车设计师理想有了更具体的认识。周日，毛毛把自己关在房间里，用了整整一天时间，以四驱车的底盘当动力系统，用废旧材料制作外壳，设计了一辆有着梦幻般的翅膀，具有海陆空三栖功能的汽车模型。他觉得这款车非常适合那些富有梦想和闯劲的年轻人，可以遨游于天地之间。

吃过晚饭，爸爸妈妈正在沙发上休息。毛毛小心翼翼地捧出他心爱的汽车模型。

“各位尊贵的来宾请注意！下面由汽车

车门的类别

绝大多数汽车车门是顺开式车门，这种车门行驶时可借气流的压力关上，比较安全。折叠式车门广泛用于大中型客车上，可以减小车门开关所需的空间。水平移动式车门常见于面包车和商务车，车身侧壁与障碍物距离较小时也能开启。逆开式车门更多是考虑迎宾礼仪需要，比较少见。

奔驰“鸥翼 SL”一直是跑车界的一个传奇，开始于 1954 年 300SL 的首次亮相。这款跑车的车门打开时酷似海鸥的翅膀，因此得名。后来，很多厂家改进设计了剪刀式鸥翼门。鸥翼门除了外形炫酷之外，其实缺点多多，因此只有高端跑车才使用。

↑逆开式车门

↑平开式车门

↑折叠式车门

↑水平移动式车门

↑鸥翼车门

↑剪刀式鸥翼车门

活 动

你还能设计出怎样的又方便又安全的车门呢？想一想，你觉得汽车还有哪些方面可以更加人性化呢？

设计师毛毛展示他的第一部作品。”毛毛缓缓揭开盖在汽车模型上的红布，“噔噔噔蹬——大家请欣赏——海陆空三栖汽车。”

灯光下的汽车模型熠熠生辉——红红的车身光彩夺目，洁白的翅膀展翅欲飞。“哇——真棒！”爸爸妈妈情不自禁地鼓起掌来。

“儿子，这辆汽车叫什么名字？”妈妈问。

“海陆空三栖汽车呀！”

“这只是说明汽车的功能，你还要给它取个响亮的名字。”妈妈启发道。

“那就叫毛毛吧，我设计的就以我的名字命名，就像劳斯莱斯一样。”

“‘毛毛’作为汽车品牌不够响亮，配不上它炫酷的外形。”爸爸看着汽车，突然

↑轮椅专用汽车

方便残疾人上下的出租车↑

为腿部残疾人士设计的汽车↑

残疾人专用汽车

残疾人专用汽车与一般自动挡汽车的根本区别在于：制动踏板和油门踏板控制方式不同。双下肢或右下肢残疾人不能用脚踩踏普通汽车的油门、刹车、离合器，因此设计了一个用手控制的连接着刹车和油门的操作杆。同时，方向盘上加装了一个方向助力柄，方便单手控制。

随着汽车的智能化，以后手控或声控驾驶汽车都将成为可能。

活　动

收集一些个性化汽车的图片或为下面某类人群设计一辆个性化汽车，要符合这类人的需求。

□时尚青年　□老年人　□爱美女性　□成功人士

有了灵感，“要不，就叫‘梦想’吧。你看，它有一对梦幻的翅膀，而且这是你的梦想之作啊。”

“好，‘梦想’真好听！就叫‘梦想’啦！”毛毛高兴极了，捧起汽车亲了一口，“世界上第一辆梦想汽车诞生喽！”

“儿子，你的梦想汽车还缺一个品牌标识哦。”爸爸拍拍毛毛的肩膀。

“哦，是呀——”毛毛想起爸爸妈妈的汽车上都镶有品牌标识，“品牌标识怎么设计呀？”

“儿子，我们可以去网上搜索一下各种汽车的品牌标识，找找灵感。”

毛毛在网上查到了各种各样的汽车品牌标识。在爸爸的帮助下，很快就为“梦想”设计了简洁大方又独具特色的品牌标识。

周一的班队课上，毛毛带着“梦想”讲述着自己的汽车梦，真诚的语言、坚定的决心深深打动了同学们。课间，同学们都围着毛毛欣赏“梦想”车，并一起畅聊着心中的未来汽车……

车标设计

车标是汽车标志，用于识别汽车生产厂家、车型等信息。车标设计多数简洁明了，有的用品牌首字母或全称，有的用象征物件，有的用抽象图形。车标一般包括一定的含义，如奥迪的四环标志，代表合并前的四家公司；大众的“VW”标是公司德文名称首字母叠加，像三个“V”，表示必胜—必胜—必胜。

↑奥迪车标

↑大众车标

↑中华车标

活　动

观察一下你喜欢的汽车品牌，它的标识是什么样的？有什么含义吗？设计心中的汽车标识，用硬纸板、彩笔、胶水、美工刀等把它做出来。做完后，贴在自己设计的汽车模型上。

18　未来之旅

晚上回到家，毛毛在饭桌上和爸爸聊起了白天的事情。

“爸爸，今天班队课上，我的理想讲得最好。同学们超级喜欢我设计的‘梦想’汽车。”

“我家儿子是最棒的！”爸爸给毛毛夹了个大鸡腿。

肥美的鸡腿可是毛毛的最爱，毛毛大口大口地啃起大鸡腿。

“儿子吃慢点，小心噎着。”妈妈给毛毛盛了碗鸡汤。

喝了两口鲜美的鸡汤，毛毛又想起什么，兴奋地对爸爸说：“爸爸，我的很多朋友让我长大了设计可以战斗的汽车，就像变形金刚中擎天柱一样，威力无穷。”说着说着，毛毛情不自禁地比画起来。

一旁的妈妈提醒他：“毛毛，吃饭别乱动，小心把饭菜弄洒了。你们这些小男孩科幻电影看多了．整天就知道星球大战。”

毛毛不服气：“这可说不定，据说科学家已经发现外星人了。再说造出变形金刚擎天柱，打仗时也可以作为武器打敌人呀。”

“轰——”毛毛直直地抬起右手，模仿着擎天柱发炮弹的样子。

看着这样的毛毛，妈妈无奈地摇了摇头：“汽车的出现是为人类服务，方便人们出行的，怎么能把它变成打仗的武器呢？”

爸爸喝了口啤酒，接过话来：“妈妈说得对，汽车是为人类生活服务的，不是制造杀戮、伤害人类的武器。未来的汽车一定是更多地满足人们日益增长的生活需求。只有最符合人类发展需求的设计，才是最有生命力的。”

“最符合人类发展需求的设计，才是最有生命力的。”这句话似乎很有道理，毛毛一时想不明白，但毛毛相信爸爸的话，不再说话了，安静地吃起饭来。

“怎样才是最符合人类发展需求的设计呢？”晚饭后，毛毛喃喃自语，

未来汽车的设计

未来汽车应采用清洁能源为动力，外观和谐美观，人车界面的人性化应充分体现出来，结合高科技与速度之美，驾乘者可随时随地接入互联网，全面实现数字化生活方式。

汽车互联网时代↑

↑太阳能碟形设计

↑驾乘舒适的设计

↑外形小巧灵动

活　动

你觉得未来汽车的设计会更注重哪些方面？

安全□　节能□　体积□　智能□　轻便材料□　环保□　航程□　动力□

仍在思索着爸爸的话。

他问正在洗碗的妈妈：“妈妈，你每天都开着汽车，你对汽车有什么新需求？”

妈妈立刻唠叨开了：“今天油价又涨三毛，今年已连续涨了三次，我们家两辆车，开销太大了。我的需求就是油价别涨了，或者汽车能少喝油多跑路。”

“为什么汽油老是涨价呀？”毛毛问。

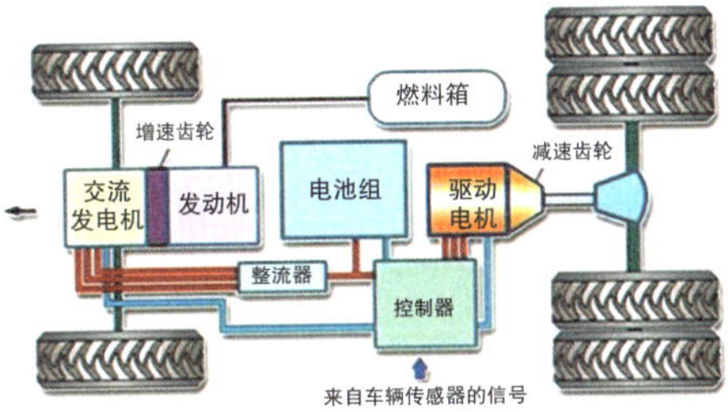

↑纯电动汽车工作原理图

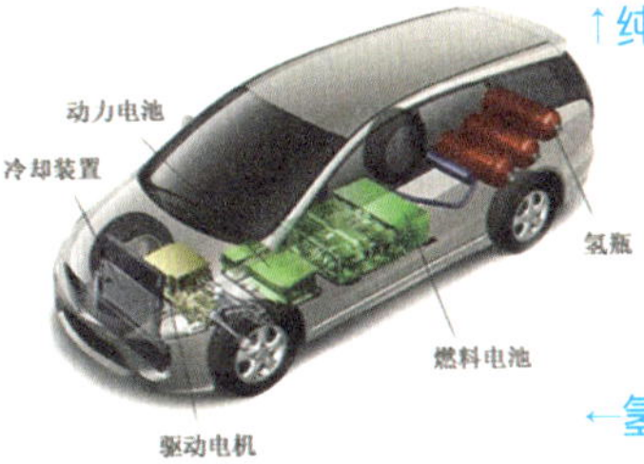

←氢能源汽车结构图

↑太阳能汽车

↑特斯拉液流电池汽车

未来汽车的能源

目前，新能源汽车包括燃气汽车（液化天然气、压缩天然气、液化石油气）、燃料电池电动汽车（FCEV）、混合动力汽车（油气混合、油电混合）、纯电动汽车（BEV）、氢能源动力汽车、太阳能汽车和其他新能源（如液流电池等高效储能器）汽车等。但从零排放、无污染、可持续发展的要求来评判，只有太阳能汽车、氢能源动力汽车才能算得上未来能源汽车。目前受技术等因素制约，这类能源的汽车还处在研发阶段。

活　动

纯电动汽车早就被发明了出来，它无噪音、无尾气排放，为何到现在还不能普及？你知道是什么原因吗？选一选。

□充电时间长　□续航里程短　□电池回收问题　□充电站、充电桩少

□没有统一的电动汽车标准

“油价上涨，是因为石油资源的减少，石油是不可再生资源。据国际能源署预测，到2100年地球的石油资源将被消耗殆尽。物以稀为贵，未来油价还会涨啊。”一旁的爸爸解说道。

毛毛很吃惊：“如果未来石油耗尽，就不能提炼出汽油。真是这样的话，到时怎么开汽车啊？”

“妈妈的油电混合动力车就是新能源车，但对未来需求来说，还算不上真正的新能源车。所以现在很多汽车公司都在努力开发真正的新能源汽车。这是未来汽车设计的大趋势。”爸爸说。

可变形的未来汽车

“变形金刚”在未来可能不是梦，已经有设计师设计了可以拼装变形的汽车。上海新怡工业设计的李培新有三款车获得米其林汽车设计大奖。NLPX可以自由拼装，由两轮变为四轮，由双座变为四座；NLPX-YOX运用仿生学设计，运用企鹅的运动姿态和曲线，减少运动过程中的阻力，车身可组合变化为摩托车或三轮、四轮车，甚至可以变为直立行驶的两轮车；CALI采用可任意拉伸的记忆材料，可任意变形为1～4个座位的交通工具。这些设计可以改变汽车的运动状态，可节约空间、节约能源、减少交通压力，既环保又能增加驾驶的乐趣。

↑ NLPX

↑ CALI

← NLPX-YOX

“对，以后我也要设计真正的新能源汽车。既要汽车跑得快，又要汽车不喝油。嘟嘟——”毛毛一溜烟跑回房间，搞他的新能源汽车设计去了。

第二天早上，阳光真好，一家人早早就起床了。爸爸一边听着收音机一边洗脸刷牙。妈妈在厨房准备着早饭。突然，爸爸拎着收音机冲到厨房：“毛毛妈，听，限牌了！”爸爸把收音机声音调得很大：“最新消息，从下周开始，本市汽车限牌……”

“好，太好了！政府早就该限牌了。”妈妈开心极了。

毛毛也被吸引来了，疑惑地问：“爸爸，什么是限牌？”

“限牌就是限制汽车上牌数量，控制机动车数量。因为现在汽车总量增长太快，城市堵车越来越严重，所以要限制增长。”爸爸耐心地解释。

妈妈接着说：“不仅车难开，还难停，出去办事经常找不到车位。限牌后这种现象就不会加剧。”

毛毛皱着眉头：“那后面想买汽车的人就很难有机会了，这也太不公平了呀。”

“儿子说的没错。我们还应该从更好的角度思考，彻底解决汽车出行难的问题。”爸爸对毛毛的想法做了充分肯定。

“也许我们应该设计更灵活的汽车，这样既能满足人们的出行需要，也能满足城市道路需要。对吧？”毛毛诚恳地看着爸爸，希望得到更多的肯定。

毛毛还没彻底将限购问题从脑海中挥走，就和妈妈遇到了上班的早高峰。赶着上班的小轿车一辆接着一辆，其中还夹杂着几辆大块头的公交车，马路

活　动

节能、环保、安全、舒适，对于未来的汽车生活，你希望有哪些更贴心的技术出现？想象一下，你有哪些解决拥堵和停车问题的未来汽车设计创意？

的几条车道被挤得满满当当，大伙儿都在慢慢地挪动着。

远处的红灯亮了起来，爬行的队伍渐渐停下。一辆小白车刹车慢了点儿，差点儿撞到它前面的小红车，安全车距已经无法在这样的马路上实现了。妈妈小心地踩着刹车，生怕控制不住车速造成追尾。红灯过后，车流又开始动了，妈妈又连忙启动，但遗憾的是就在她快到停车线的位置时，信号灯又变成红

可自动驾驶的智能汽车

智能汽车实现自动驾驶，靠的是计算机、传感器、通讯、人工智能及自动控制等多种先进技术的综合运用。智能汽车功能模块一般包括智能驾驶系统、生活服务系统、安全防护系统、位置服务系统和用车辅助系统。智能汽车由人工智能系统按照预置的导航信息系统，根据预先设定的目的地自动选择或调整行驶路线，并能通过传感器获取路况、交通、天气等各种环境信息，自动选择最佳驾驶方案，及时调整驾驶操作，保证行驶安全、高效。

自动驾驶汽车已经成为现实，奥迪、奔驰、沃尔沃等厂商已经完成道路实测，谷歌、苹果、上汽、东风、腾讯、百度、乐视等各类公司都开始了智能汽车计划。智能汽车即将迎来辉煌的时代。

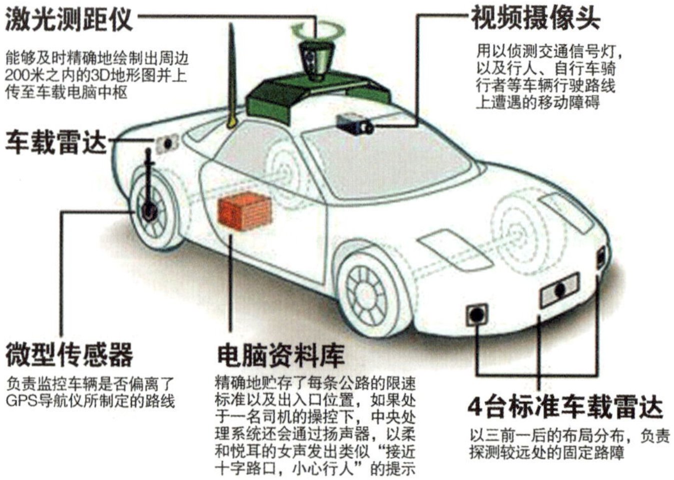

活 动

“飞思卡尔”杯智能车竞赛是面向全国大学生的一项课外科技竞赛，有机会的话可以去参观比赛盛况。请搜索资料，了解一下这项赛事的相关事项。

的了。红绿灯变了几次，终于驶过了路口。

三步一停，五步一顿，龟速的开车最累人。

“唉，比走路都累，我的脚都要踩不动了。”妈妈一边用手捶着小腿一边抱怨道。

看着辛苦开车的妈妈，毛毛心疼地说：“妈妈，我长大后给你设计一款智能自动汽车。这样你就不用这么累了。”

“智能自动汽车？”

“对，妈妈，你只要在里面设置好行进路线，它可以自动驾驶，把你带到你想去的地方。”毛毛边想象边介绍，“它认识红绿灯和各种道路，绝不会违章，你在里面只要听听音乐，吃吃小零食，安心休息就行了……”

妈妈笑着拍拍毛毛的肩膀：“好儿子，真懂事。等妈妈老了，不适合开车了，就坐你的自动汽车去旅行。”

终于到了学校，一个更大的惊喜正等着毛毛呢！

原来在今天下午的大队主题会上，学校邀请了今年概念车设计大赛的冠军获得者小刘叔叔给大家介绍概念车设计的知识。有关这方面的海报从校门口一直贴到教学区的走廊，海报上一辆辆具有独特魅力的概念车仿佛有生命似的，吸引着过往学生的目光，让人想一探究竟。

等待的时间总是那么漫长，终于熬到下午了，毛毛和几个酷爱汽车的小男生早早儿就来到了阶梯教室，占据了教室里的最佳位置，生怕一会儿听报告时错过了小刘叔叔的发言内容。

“看，小刘叔叔来了，他手里还拿着今年得奖的概念车模型，真是太酷了！”一个男孩子突然大喊起来。

可不是嘛，所有人的目光都聚焦在了小刘叔叔的手上，毛毛显得非常激动，和自己设计的“梦想”比起来，小刘叔叔的作品实在是太具魅力了，明显是科技与美的结合。

大约两个小时的时间，小刘叔叔向孩子们介绍了什么是概念车，如何设计概念车，还和孩子们一起分享了今年世界上最先进的概念车图片，引起了大伙阵阵惊叹。

小刘叔叔的演讲结束了，毛毛心中的汽车梦越来越强烈了，他觉得自己只有更加努力，才能像小刘叔叔一样设计出真正的好车！

你心中也有个汽车梦吗？和毛毛一起坚持下去吧，相信终有一天能实现！

概念车欣赏

概念车好比T型舞台上五彩缤纷的时装秀，绚烂夺目，虽然不一定能流行于现实生活，但它体现了汽车设计师的灵感和风格。概念车甚至不受量产车的条件限制，可任意采用未经充分验证的新工艺、新材料和新设计，充分发挥想象力和创造力。耀眼的外观、超前的意识，概念车永远是全球各大汽车展的主角，而主角的背后却是汽车设计师概念的舞动、理念的迸发。概念车设计已经成为汽车界、工业设计界的热点。随着科技的飞速发展，越来越多地运用最新技术和材料的概念车被设计出来。我们一起来欣赏一下吧。

概念车欣赏

活　动

你知道下面这些汽车设计大赛什么时间举办吗？各有什么特点？

□中国汽车设计大赛　　□现代汽车设计大赛

□中国汽车造型设计大赛　　□起亚汽车设计大赛

□米其林汽车设计大赛

后 记

行走在小学教育的田野，行走在儿童的世界，我们做着一件件支持儿童发展的平常琐事。而面对日益严重的环境问题，孩子们的想法又是怎样的呢？我们以虚拟人物毛毛为主角，站在一个小学生的角度来观察、思考、学习有关汽车的知识，了解汽车的文化。在书中，我们为孩子们安排了许多实践化的活动，让孩子在体验汽车的各项活动中学习，这样的安排让他们不觉得枯燥，更加愿意去感知汽车的一切，意识到汽车与环境污染之间的联系，从而理解绿色出行的重要性。

在编写过程中，我们一直在思考，如何更好地呵护儿童与生俱来、无比珍贵的好奇心，如何让他们体验汽车实践活动的同时，又培养关心环境的意识，以儿童自己的视角来了解我们现在的汽车，从而更好地理解环境保护的重要意义。其实，孩子具有很强的认知能力，有的时候我们会低估了孩子的才干，在日益严重的环境问题下，孩子们也有属于他们的想法，只是不知道该怎样表达和解决。我们编写这本书，让孩子能够以故事为主线、以知识为依托、以操作为抓手，更好地探寻生活世界，掌握学习的方法。

本书秉承关爱自然、保护环境、支持儿童成长的理念，力求源自生活，源自实践。在编写的过程中，我们感谢南京市游府西街小学教师的辛勤付出，南京市小学教师培训中心的全力资助，南京市小学教师培训中心谷力博士的智慧支持，中国和平出版社各位编辑老师的悉心指导。在这本书中，凝结了许多人的心血，写作此书，源自我们游小人最最朴素的愿望。百年教学的实践让我们走近儿童，和他们共同去学习，不断进步，为儿童提供倾诉真挚情感的平台，并培养孩子们敏锐的观察力和强大的实践力。

谨以此书感谢所有曾经在科学主题探究活动中给予我们无私帮助的师长和朋友们。

一路向前，感谢有你。

南京市游府西街小学
万代红
2015 年 8 月